智能网联汽车研究与开发丛书

智能驾驶硬件
在环仿真测试与实践

主　编　徐　江
副主编　王　泉　王东兵　李赵见
参　编　连南木　张　虎　曾德全
　　　　张金龙　陆志杰　梁　昊
　　　　王湛昱　赵钦黄　周　杰

随着新能源行业以及通信技术的发展，依靠计算机技术与传感器来实现汽车智能化逐渐成为科技巨头与汽车制造厂的共识。智能驾驶测试作为整个开发环节中的重要一环，其高昂的测试成本以及冗长的开发周期始终困扰着主机厂。硬件在环仿真测试由于其高仿真、低成本等特点开始应用于智能驾驶算法开发领域。本书介绍了智能驾驶系统、国内外关于其级别的分类和解释，阐述了硬件在环仿真测试技术的发展历程，分析了硬件在环仿真测试在智能驾驶领域的三大组成部分：场景仿真软件、实时操作系统以及智能驾驶算法系统，总结了能够满足智能驾驶算法硬件在环仿真测试的最小系统环境以及基于循迹的测试方法。另外本书还系统介绍了智能驾驶算法测试方法、法规国标、测试用例的编写、实际测试的进行以及测试真实性与有效性评价；全面介绍了智能驾驶领域的三个重要算法：自动紧急制动（AEB）、车道偏离预警（LDW）与车道保持辅助（LKA），并详细介绍了三者的测试过程。

本书适用于智能驾驶算法开发、测试和场景仿真软件开发等行业的有关人员学习参考，也可作为大专院校汽车或计算机相关专业师生的参考书。

图书在版编目（CIP）数据

智能驾驶硬件在环仿真测试与实践 / 徐江主编 .
北京：机械工业出版社，2024.8.—（智能网联汽车研究与开发丛书）.— ISBN 978-7-111-76496-0

I. U463.61

中国国家版本馆 CIP 数据核字第 2024NS6753 号

机械工业出版社（北京市百万庄大街 22 号　邮政编码 100037）
策划编辑：何士娟　　　　　　责任编辑：何士娟
责任校对：刘雅娜　薄萌钰　　责任印刷：刘　媛
北京中科印刷有限公司印刷
2024 年 10 月第 1 版第 1 次印刷
169mm×239mm ・ 11.25 印张 ・ 2 插页 ・ 217 千字
标准书号：ISBN 978-7-111-76496-0
定价：139.00 元

电话服务　　　　　　　　　　网络服务
客服电话：010-88361066　　　机　工　官　网：www.cmpbook.com
　　　　　010-88379833　　　机　工　官　博：weibo.com/cmp1952
　　　　　010-68326294　　　金　书　网：www.golden-book.com
封底无防伪标均为盗版　　　　机工教育服务网：www.cmpedu.com

序言

因为工作关系，我与徐江副教授相识很多年了，徐老师应该算是比较早开始进入智能网联汽车这个行业的中青年学者，在学术端和产业端都做了不少研究和实践。在智能网联汽车产业的宏伟蓝图中，硬件在环（HIL）仿真测试技术扮演着至关重要的角色，我也有幸参与并见证了这一技术从理论探索到实践应用的全过程。随着《智能汽车创新发展战略》等政策的相继出台，以及众多新兴智能驾驶企业的快速发展，中国在全球智能网联汽车领域的战略地位日益凸显，为这一行业的蓬勃发展提供了坚实的政策基础和广阔的发展空间。

该书正是基于这样的时代背景和行业需求而编写的。HIL仿真测试技术，作为智能驾驶系统研发过程中不可或缺的一环，其重要性不言而喻，它不仅能够确保智能驾驶系统的安全性和可靠性，还能大幅降低研发成本和时间，加速技术的迭代和创新。

该书从智能网联汽车的系统架构出发，深入探讨了HIL仿真测试的理论基础、关键技术和应用实践，力求将最新的研究成果和行业经验融入书中，为读者提供一个全面、系统的学习和参考框架。本书分为7章，全面介绍了智能驾驶的基础知识、系统架构和算法。书中重点讨论了HIL仿真测试的发展历程、关键模块及其在系统验证中的重要性。同时，详细探讨了测试环境和方法、用例设计、性能评估路径，并对未来的挑战和发展方向提出了见解。

该书的一个特点是注重理论与实践的结合，不仅详细介绍了HIL仿真测试的理论基础，还通过大量的案例分析，展示了HIL仿真测试技术在智能驾驶系统研发中的应用。书中内容能够帮助读者更好地理解智能驾驶硬件在环仿真测试技术的重要性，以及如何在实际工作中有效地应用这一技术。

智能驾驶硬件在环仿真测试是一个多学科交叉的领域，涉及控制理论、计算机科学、电子工程、机械工程等多个学科。该书的编写团队由来自不同学科背景的专家学者组成，他们凭借丰富的理论知识和实践经验，为本书的编写提供了坚实的基础。

期待本书能够为智能网联汽车行业的研究者、工程师以及政策制定者提供有价值的参考和指导，共同推动全国智能网联汽车产业的高质量发展。

江苏省智能网联汽车产业创新联盟理事长

2024 年 7 月 16 日于南京

前言

智能化技术在汽车行业日益普及，智能驾驶系统的测试和验证已然成为一个复杂而关键的问题。在真实道路条件下测试智能驾驶系统不仅成本高昂，而且存在安全风险。考虑到测试必须涵盖广泛的交通场景、天气状况和道路类型，因此仿真测试便显得尤为重要。它为开发者提供了一个受控的环境，使他们能够在不承担实地测试风险的情况下，全面测试智能驾驶系统的性能。

安全性和可靠性是智能驾驶技术的核心。智能驾驶系统必须能够在各种情况下安全操作，包括处理紧急情况和与其他道路用户的互动。通过HIL（硬件在环）仿真测试，开发者可以模拟各种场景，以评估智能驾驶系统的性能，并确保其在各种有挑战性的条件下表现出卓越的安全性和可靠性。

此外，各国政府和监管机构正在积极制定智能驾驶（自动驾驶）的法规和政策框架，旨在确保技术的安全性和合规性。在HIL仿真测试中，开发者能够更便捷地模拟不同地区和国家的法规和交通规则，以确保智能驾驶（自动驾驶）系统在全球范围内的合规性。

智能驾驶系统具有复杂的感知、决策和控制任务，包括传感器融合、实时控制、故障注入等方面的技术挑战。HIL仿真为开发者提供了一个受控的环境，帮助他们克服这些挑战，从而加速智能驾驶技术的发展。

本书介绍了智能驾驶系统、国内外关于其级别的分类和解释，阐述了硬件在环仿真测试技术的发展历程；分析了硬件在环仿真测试在智能驾驶领域的三大组成部分：场景仿真软件、实时操作系统以及智能驾驶算法系统；总结了能够满足智能驾驶算法硬件在环测试的最小系统环境，并详细介绍了基于循迹的测试方法；系统地介绍了智能驾驶算法测试方法、法规国标的解读、测试用例的编写、实际测试的进行、测试真实性与有效性评价以及测试报告的编写；最后以辅助驾驶领域的三个重要算法——自动紧急制动（AEB）、车道保持辅助（LKA）与车道偏离预警（LDW）为例，详细介绍了三者的测试过程。

智能驾驶硬件在环仿真测试与实践

  本书是一本专门介绍智能驾驶仿真测试背景、未来趋势以及详细开发流程的技术类书籍，无论是研发人员还是入门人员，本书均有相应的章节提供所需内容，具有较强的实操性。本书作者团队拥有丰富的智能驾驶仿真测试系统研发与交付经验，目前已与苏州英特模、苏州清研车联、吉利、浙江天行健等国内合作伙伴达成合作。

  本书由常熟理工学院徐江副教授任主编，无锡学院王泉教授、苏州清研车联王东兵总经理、浙江天行健李赵见总监任副主编，参加编写的还有连南木、陆志杰、张金龙、梁昊、王湛昱、张虎、曾德全、赵钦黄、周杰等，苏州安鹿智能科技有限公司的吴江龙审阅了全稿并提出了很多宝贵意见。

  恳请读者对本书的内容和结构等提出宝贵意见，并对书中存在的错误及不当之处提出批评和修改建议，以便本书再版修订时参考。

编 者

目 录

序言
前言

第 1 章 绪论 ·· 1
1.1 智能驾驶系统概述 ··· 1
1.2 智能驾驶级别的分类和解释 ·· 2
  1.2.1 SAE J3016 标准 ·· 2
  1.2.2 汽车驾驶自动化分级 ····································· 4
1.3 智能驾驶系统的架构 ··· 5
1.4 智能驾驶系统常见算法 ·· 7
1.5 智能驾驶技术的挑战和前沿研究 ·································· 8

第 2 章 智能驾驶 HIL 仿真测试技术概述 ·························· 9
2.1 概述 ·· 9
2.2 基于模型的开发测试方法 ··· 10
  2.2.1 MIL ·· 10
  2.2.2 SIL ··· 11
  2.2.3 HIL ·· 12
  2.2.4 DIL ·· 14
  2.2.5 VIL ·· 15
2.3 智能驾驶 HIL 仿真测试的发展历程 ··························· 17
  2.3.1 早期阶段的 HIL 仿真测试 ····························· 17
  2.3.2 虚拟化与数字化发展阶段 ····························· 18
  2.3.3 智能化发展阶段 ·· 19
  2.3.4 大数据与云计算的应用 ································· 20
  2.3.5 安全性和可靠性的提升 ································· 21

2.4 智能驾驶 HIL 仿真测试的起源与背景 ·· 22
    2.4.1 航空航天领域的 HIL 仿真测试 ·· 22
    2.4.2 HIL 仿真测试在汽车领域的引入 ·· 24
2.5 智能驾驶 HIL 仿真测试环境仿真模块 ··· 28
    2.5.1 虚拟场景构建 ·· 28
    2.5.2 传感器仿真 ·· 31
    2.5.3 场景库构建方法 ··· 34
    2.5.4 车辆动力学仿真 ··· 36
    2.5.5 动态场景的构建 ··· 37
    2.5.6 常见解决方案 ·· 38
2.6 智能驾驶 HIL 仿真测试实时交互模块 ··· 40
    2.6.1 I/O 接口设置 ·· 41
    2.6.2 接口映射配置 ·· 43
2.7 智能驾驶 HIL 仿真测试算法模块 ··· 45
    2.7.1 Autoware 算法平台 ·· 45
    2.7.2 Apollo 算法平台 ·· 48

第 3 章 智能驾驶 HIL 测试环境仿真 ·· 51

3.1 概述 ·· 51
3.2 定义仿真目标 ··· 53
3.3 选择仿真平台 ··· 54
    3.3.1 典型智能驾驶仿真软件分类与发展变化情况 ····························· 54
    3.3.2 典型智能驾驶仿真软件介绍 ·· 55
3.4 准备车辆模型 ··· 60
3.5 导入地图和场景 ··· 61
    3.5.1 城市道路行驶测试 ··· 61
    3.5.2 高速公路行驶测试 ··· 62
    3.5.3 自定义场景测试 ··· 63
    3.5.4 道路规划和路径规划测试 ·· 65
    3.5.5 交通规划和智能交通系统测试 ··· 66
3.6 添加车辆传感器 ··· 67
    3.6.1 确定传感器选型 ··· 67
    3.6.2 确定传感器布局 ··· 68

3.6.3　配置传感器参数 ………………………………………………… 69
3.7　配置仿真环境 …………………………………………………………… 71
　　3.7.1　天气条件 …………………………………………………………… 71
　　3.7.2　时间 ………………………………………………………………… 73
　　3.7.3　交通流量 …………………………………………………………… 74
3.8　定义车辆行为 …………………………………………………………… 75
　　3.8.1　车辆控制 …………………………………………………………… 75
　　3.8.2　车辆路径 …………………………………………………………… 76
3.9　基于 PanoSim 的快速试验 ……………………………………………… 77
　　3.9.1　试验目的 …………………………………………………………… 77
　　3.9.2　软件配置 …………………………………………………………… 77
　　3.9.3　创建试验 …………………………………………………………… 78
　　3.9.4　主车及干扰车 ……………………………………………………… 84
　　3.9.5　预设轨迹 …………………………………………………………… 87
　　3.9.6　添加传感器 ………………………………………………………… 90
　　3.9.7　加载算法脚本 ……………………………………………………… 91
　　3.9.8　编译试验 …………………………………………………………… 91
　　3.9.9　运行试验 …………………………………………………………… 92
　　3.9.10　保存试验 …………………………………………………………… 93

第 4 章　智能驾驶 HIL 仿真测试方法 …………………………………… 94

4.1　测试用例设计与生成 …………………………………………………… 94
　　4.1.1　确定测试目标和范围 ……………………………………………… 94
　　4.1.2　识别关键功能和模块 ……………………………………………… 95
　　4.1.3　使用场景模拟 ……………………………………………………… 95
　　4.1.4　考虑异常情况和边界值 …………………………………………… 96
　　4.1.5　注入故障和障碍物 ………………………………………………… 97
　　4.1.6　生成路径和轨迹 …………………………………………………… 97
　　4.1.7　考虑人机交互 ……………………………………………………… 98
　　4.1.8　性能评估 …………………………………………………………… 99
4.2　系统配置与准备 ………………………………………………………… 99
　　4.2.1　硬件设置 …………………………………………………………… 99
　　4.2.2　仿真环境设置 ……………………………………………………… 100

4.3 传感器与控制器初始化 ································ 101
　　4.3.1 传感器初始化 ································ 101
　　4.3.2 控制器初始化 ································ 102
4.4 实时通信和数据交换 ································ 102
　　4.4.1 通信链路测试 ································ 102
　　4.4.2 数据交换测试 ································ 103
4.5 场景和用例加载 ································ 104
4.6 系统校准和校验 ································ 105
　　4.6.1 传感器校准 ································ 105
　　4.6.2 控制器参数校准 ································ 106
4.7 故障注入 ································ 107
4.8 性能检测和记录 ································ 107
4.9 基于 PanoSim 的循迹试验 ································ 108
　　4.9.1 测试模型构建 ································ 108
　　4.9.2 I/O 接口配置 ································ 113
　　4.9.3 轨迹点录制 ································ 115
　　4.9.4 循迹效果测试 ································ 118

第 5 章　智能驾驶 HIL 仿真测试结果分析与评估 ································ 119

5.1 智能驾驶测试评价方法 ································ 119
5.2 仿真测试的真实性与有效性评价 ································ 121
　　5.2.1 真实性评价 ································ 121
　　5.2.2 有效性评价 ································ 122
5.3 仿真测试与道路测试的闭环验证 ································ 126
5.4 AEB 功能测试案例 ································ 127
　　5.4.1 知识学习 ································ 127
　　5.4.2 测试场景搭建 ································ 132
　　5.4.3 I/O 接口映射 ································ 135
　　5.4.4 激光雷达数据读取 ································ 136
　　5.4.5 算法运行测试 ································ 137

第 6 章　智能驾驶系统测试案例 ································ 139

6.1 LDW 功能测试案例 ································ 139

6.1.1 知识学习 ·· 139
6.1.2 测试模型构建 ····································· 143
6.1.3 I/O 接口映射 ····································· 145
6.1.4 仿真摄像头数据读取 ······························· 146
6.1.5 算法运行测试 ····································· 148
6.2 LKA 功能测试案例 ·· 149
6.2.1 知识学习 ·· 149
6.2.2 测试模型构建 ····································· 157
6.2.3 I/O 接口映射 ····································· 159
6.2.4 算法运行测试 ····································· 161

第 7 章　智能驾驶仿真测试技术展望 ·························· 163
7.1 中国智能驾驶仿真测试技术所面临的挑战 ···················· 163
7.2 中国智能驾驶仿真测试技术的发展趋势 ······················ 165
7.3 智能驾驶仿真测试发展建议 ································ 165

参考文献 ·· 168

Chapter 01

第1章
绪论

1.1 智能驾驶系统概述

智能驾驶系统（Intelligent Driving System）是一种结合感知、决策和控制技术，使车辆能够在不需要人工干预的情况下实现自主驾驶的系统。该系统利用各种传感器感知车辆周围的环境，通过算法和人工智能进行数据处理和决策，然后控制车辆的动作，实现智能驾驶功能。

智能驾驶系统的目标是通过以上技术，实现更加安全、高效、环保和舒适的道路交通。以下是智能驾驶系统的主要目标：

安全性：智能驾驶系统通过感知和分析车辆周围的环境，及时发现障碍物、行人、其他车辆等潜在危险，并做出准确的决策和控制，以避免事故的发生，降低交通事故的风险，从而提高道路交通的安全性。

高效性：智能驾驶系统的自动化特性可以减轻驾驶员的负担，减少驾驶员疲劳驾驶。在工业运输领域，可以减少人工操作和时间成本，延长连续运输时间，提高货运效率。在日常出行过程中，可以通过智能路线规划和车辆间的协同合作，优化交通流量，减少交通拥堵，提高道路的流畅性和通行效率，从而减少出行时间，有效缓解"幽灵堵车"问题。

环保型：智能驾驶系统通过优化车辆的行驶路径和动作，提高车辆的燃油效率，减少碳排放，降低车辆对环境的影响，从而促进环保和可持续交通出行。

舒适性：智能驾驶系统可以通过控制车辆在行驶过程中的姿态和加速度，使其尽可能地保持平稳行驶。可以根据驾乘者的需求和喜好，定制出行路线，选择最优的出行方案。

1.2 智能驾驶级别的分类和解释

智能驾驶级别是根据车辆驾驶任务中自动化程度的不同，将智能驾驶技术划分为不同级别。目前被国内外广泛接受和采用的标准有国际自动机工程师学会（SAE International）提出的 SAE J3016 标准以及中华人民共和国工业和信息化部提出的标准——《汽车驾驶自动化分级》（GB/T 40429—2021）[1]。

1.2.1 SAE J3016 标准

SAE J3016 是由国际自动机工程师学会制定的标准，全名为 Taxonomy and Definitions for Terms Related to Driving Automation Systems for On-Road Motor Vehicles（用于道路机动车辆智能驾驶系统相关术语的分类和定义）。该标准于 2014 年首次发布，目的是为智能驾驶系统领域提供一个统一的术语和分类体系，以便更好地理解和讨论该技术的不同层级和功能。该标准历经多个版本的更新迭代，截至目前，已分别于 2016 年、2018 年、2021 年对其进行修订以适应智能驾驶行业最新的发展，见表 1-1。

表 1-1 SAE 驾驶自动化水平综述（2021）

驾驶方式	等级	名称	详细定义	动态运动任务		动态运动任务反馈	设计使用场景
				车辆持续横向和纵向运动控制	对象检测与响应		
驾驶员执行部分或全部驾驶任务							
—	0	无自动化驾驶	驾驶员完全控制车辆的运动，系统仅提供警示或辅助功能	驾驶员	驾驶员	驾驶员	—
辅助驾驶	1	驾驶员辅助	系统能够控制车辆的某一方面，例如智能驾驶巡航控制（ACC）或车道保持辅助（LKA）。驾驶员需要持续监控和参与车辆控制，系统不执行综合驾驶任务	驾驶员和系统	驾驶员	驾驶员	受限
	2	部分智能驾驶	系统能够同时控制加速和转向，但驾驶员需要持续监控车辆，并随时准备介入。驾驶员需要手握转向盘，并能在系统提示下接管车辆控制	系统	驾驶员	驾驶员	受限

（续）

驾驶方式	等级	名称	详细定义	动态运动任务		动态运动任务反馈	设计使用场景
				车辆持续横向和纵向运动控制	对象检测与响应		
			自动驾驶系统开启后执行整个驾驶任务				
自动驾驶	3	有条件的智能驾驶	系统能够在特定条件下实现完全自主驾驶，驾驶员不需要持续监控车辆，但需要能够在系统要求时介入。驾驶员可以将注意力转移到其他事物，但需要在系统要求时回到驾驶位置	系统	系统	预备接管用户	受限
	4	高度智能驾驶	系统能够在特定条件下实现完全自主驾驶，驾驶员不需要参与驾驶任务，无需介入。但该级别仅适用于特定地理区域或特定场景，超出该范围需要驾驶员接管	系统	系统	系统	受限
	5	完全智能驾驶	系统能够在所有情况下实现完全自主驾驶，无论地理区域或场景如何，驾驶员不需要介入。这是完全智能驾驶的最高级别，驾驶员只是乘客，不需要参与任何驾驶任务	系统	系统	系统	不受限

SAE J3016 标准定义了六个智能驾驶级别，分别是：

1. Level 0（零级）——无自动化驾驶

驾驶员完全控制车辆的运动，系统仅提供警示或辅助功能。

2. Level 1（一级）——驾驶员辅助

系统能够控制车辆的某一方面，例如自适应巡航控制（ACC）或车道保持辅助（LKA）。驾驶员需要持续监控和参与车辆控制，系统不执行综合驾驶任务。

3. Level 2（二级）——部分智能驾驶

系统能够同时控制加速和转向，但驾驶员需要持续监控车辆，并随时准备介入。驾驶员需要手握转向盘，并能够在系统提示下接管车辆控制。

4. Level 3（三级）——有条件的智能驾驶

系统能够在特定条件下实现完全自主驾驶，驾驶员不需要持续监控车辆，但需要能够在系统要求时介入。驾驶员可以将注意力转移到其他事物，但需要在系统要求时回到驾驶位置。

5. Level 4（四级）——高度智能驾驶

系统能够在特定条件下实现完全自主驾驶，驾驶员不需要参与驾驶任务，无须介入。但该级别仅适用于特定地理区域或特定场景，超出该范围需要驾驶员接管。

6. Level 5（五级）——完全智能驾驶

系统能够在所有情况下实现完全自主驾驶，无论地理区域或场景如何，驾驶员不需要介入。这是智能驾驶的最高级别，驾驶员只是乘客，不需要参与任何驾驶任务。

1.2.2 汽车驾驶自动化分级

《汽车驾驶自动化分级》（GB/T 40429—2021）于 2021 年 8 月发布，2022 年 3 月实施。该标准参考了 SAE 标准，但也略有不同。基于驾驶自动化系统能够执行动态驾驶任务的程度，根据在执行动态驾驶任务中的角色分配以及有无设计运行范围限制，将驾驶自动化分成 0 级至 5 级，见表 1-2。

表 1-2 驾驶自动化分级与划分要素的关系

分级	名称	持续的车辆横向和纵向运动控制	目标和事件探测与响应	动态驾驶任务后援	设计运行范围
0 级	应急辅助	驾驶员	驾驶员及系统	驾驶员	有限制
1 级	部分驾驶辅助	驾驶员和系统	驾驶员及系统	驾驶员	有限制
2 级	组合驾驶辅助	系统	驾驶员及系统	驾驶员	有限制
3 级	有条件自动驾驶	系统	系统	动态驾驶任务后援用户（执行接管后成为驾驶员）	有限制
4 级	高度自动驾驶	系统	系统	系统	有限制
5 级	完全自动驾驶	系统	系统	系统	无限制

注：排除商业和法规因素等限制。

1. 0 级驾驶自动化——应急辅助（emergency assistance）

0 级驾驶自动化系统不能持续执行动态驾驶任务中的车辆横向或纵向运动控制，但具备持续执行动态驾驶任务中的部分目标和事件探测与响应的能力。

2. 1 级驾驶自动化——部分驾驶辅助（partial driver assistance）

1 级驾驶自动化系统在其设计运行条件下持续地执行动态驾驶任务中的车辆横向或纵向运动控制，且具备与所执行的车辆横向或纵向运动控制相适应的部分目标和事件探测与响应的能力。

3. 2 级驾驶自动化——组合驾驶辅助（combined driver assistance）

2 级驾驶自动化系统在其设计运行条件下持续地执行动态驾驶任务中的车辆

横向和纵向运动控制，且具备与所执行的车辆横向和纵向运动控制相适应的部分目标和事件探测与响应的能力。

4. 3级驾驶自动化——**有条件自动驾驶**（conditionally automated driving）

3级驾驶自动化系统在其设计运行条件下持续地执行全部动态驾驶任务。

5. 4级驾驶自动化——**高度自动驾驶**（highly automated driving）

4级驾驶自动化系统在其设计运行条件下持续地执行全部动态驾驶任务并自动执行最小风险策略。

6. 5级驾驶自动化——**完全自动驾驶**（fully automated driving）

5级驾驶自动化系统在任何可行驶条件下持续地执行全部动态驾驶任务并自动执行最小风险策略。

两套标准对每个具体的驾驶自动化功能分级结果基本一致。不同点在于，SAE J3016将自动紧急制动（AEB）等安全辅助功能和非驾驶自动化功能都放在0级，归为"无驾驶自动化"，而中国《汽车驾驶自动化分级》则称之为"应急辅助"，与非驾驶自动化功能分开。此外，中国版标准在"3级驾驶自动化"中明确增加了对驾驶员接管能力监测和风险减缓策略的要求，明确最低安全要求，减少实际应用安全风险。

总体而言，二者差别不大，这避免了诸多不必要的分歧。

1.3 智能驾驶系统的架构

智能驾驶系统由多个复杂的组件和模块组成，它们协同工作，使得车辆能够感知、理解和适应复杂多变的道路环境。在这个系统中，各种先进传感器，如摄像头、激光雷达和毫米波雷达设备充当车辆的"感知器"，实时获取周围环境的信息，包括道路、障碍物、行人和交通标志等[2]。这些感知数据被传送到高级算法和人工智能模块，进行数据处理和融合，建立车辆对周围环境的全面认知。

智能驾驶系统的"大脑"部分是决策与规划模块，它基于感知数据和预先准备的高精度地图，做出明智的决策，例如选择最佳路线、调整速度、超车行为等。决策的结果通过控制系统转化为车辆的实际动作，控制加速、制动、转向等操作。而为了确保驾驶过程的安全性，智能驾驶系统配备了多重安全措施，如紧急制动系统、碰撞避免系统和车道保持辅助等，以应对紧急情况和避免潜在的危险。

除了为车辆增加自主驾驶的能力，智能驾驶系统还为驾驶员提供人机交互界面，让他们能够了解当前系统状态并与系统进行交互。此外，一些智能驾驶系统还可以通过通信模块与云端服务或其他车辆进行数据交换，实现车辆之间的协同驾驶和获取实时交通信息。

如图 1-1 所示,目前智能驾驶系统通常由以下主要组件组成:

传感器系统:包括激光雷达、毫米波雷达、摄像头、超声波传感器等传感器,用于实时采集车辆周围的道路、障碍物、其他车辆、行人和交通标志等环境数据。

融合感知:通过对传感器数据的处理和融合,将多个传感器的信息综合起来,建立对周围环境准确、全面的认知。

环境地图:智能驾驶系统通常会使用高精度地图,其中包含道路拓扑结构、交通标志、车道线、交叉口等信息,以帮助车辆更好地理解周围环境。

融合定位:基于高精度地图和传感器数据,智能驾驶系统使用复杂的融合定位算法估计主车的运动状态,如位置、姿态、速度、加速度等。

决策规划:基于感知数据和环境地图,智能驾驶系统使用复杂的算法做出决策,如识别最佳路径、速度调整、超车行为等。

控制系统:将决策的结果转化为实际的车辆动作,控制车辆的加速、制动、转向等。

人机交互:智能驾驶系统通常会有一个用户界面,让驾驶员与系统进行交互,了解当前系统状态并提供必要的信息和警告。

安全系统:智能驾驶系统通常配备了多重安全措施,如紧急制动系统、碰撞避免系统、车道保持辅助等,以确保在紧急情况下可以快速响应并保护乘客安全。

通信模块:有时智能驾驶系统需要与云端服务或其他车辆进行通信,以获取实时的交通信息、路况等数据,以及实现车辆之间的协同驾驶。

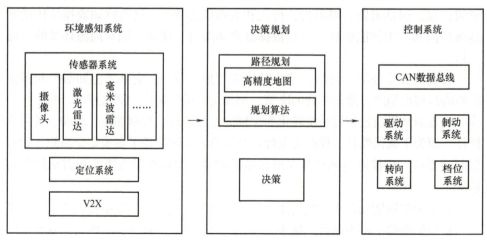

图 1-1　智能驾驶系统架构

1.4 智能驾驶系统常见算法

高级驾驶辅助系统（Advanced Driver Assistance Systems，ADAS）是一类汽车安全技术，旨在提供车辆驾驶过程中的辅助功能，以增强驾驶员的安全性、便利性和舒适性[3]。这些系统利用先进的传感器，如摄像头、毫米波雷达、激光雷达等设备来感知车辆周围的环境，并通过复杂的算法和处理器来分析数据、做出决策，并在需要时对车辆执行控制动作。

以下是一些常见的高级驾驶辅助系统：

自适应巡航控制（Adaptive Cruise Control，ACC）**系统**：这是一种先进的巡航控制系统，它可以自动调整车辆的速度，以保持与前车的安全距离。如果前车减速或停车，ACC系统会自动减速或停车，再根据前方车辆的情况恢复设定的巡航速度。

车道保持辅助（Lane Keeping Assist，LKA）**系统**：这种系统利用摄像头或其他传感器监测车辆在车道内的位置，并在驾驶员意外偏离车道时提供辅助。它可以通过轻微的转向输入来帮助驾驶员保持在车道内。

自动紧急制动（Automatic Emergency Braking，AEB）**系统**：AEB系统可以在检测到潜在碰撞风险时自动触发制动，以降低碰撞的严重性或完全避免碰撞，如图1-2所示。

盲点监测（Blind Spot Monitoring，BSM）**系统**：这种系统使用传感器监测车辆周围的盲点区域，当有其他车辆进入盲点时，系统会发出警告，提醒驾驶员避免变道或超车。

图1-2 自动紧急制动系统

交通标志识别(Traffic Sign Recognition,TSR)**系统**:TSR 系统可以识别道路上的交通标志,例如限速标志、禁止超车标志等,并将这些信息显示在仪表盘上,帮助驾驶员及时了解道路规则。

自动泊车辅助(Automatic Parking Assist,APA)**系统**:APA 系统可以使用传感器和摄像头帮助车辆自动寻找合适的停车位,并在驾驶员的控制下自动进行泊车操作。

全智能驾驶(Fully Automated Driving,FAD)**系统**:FAD 系统旨在实现完全无人驾驶,使车辆能够在各种道路环境和交通条件下,无须人类驾驶员的介入,独立完成全部驾驶任务。

1.5 智能驾驶技术的挑战和前沿研究

智能驾驶技术作为现代汽车工业的颠覆性创新,引发了全球范围内的广泛兴趣和研究。随着先进计算机技术、传感器技术和人工智能的持续发展,智能驾驶技术正不断向着实现自主驾驶的目标迈进。然而,在这一前沿技术的推动下,智能驾驶技术也面临着诸多挑战,这些挑战不仅涉及技术层面,还包括法律、道德和社会接受等多方面的考量。

在智能驾驶技术的实现过程中,首要的挑战是确保其可靠性和安全性。智能驾驶系统必须在各种复杂、多变的交通环境中稳定运行,并能有效应对紧急情况,以确保驾乘人员的安全。另外,智能驾驶系统需要能够准确感知和理解周围的道路、障碍物、行人和其他车辆等,这也是一项极具挑战性的任务。

除了技术层面的挑战,智能驾驶技术的推广还受到法律和法规的制约。因涉及对交通安全和责任的重要影响,智能驾驶技术必须满足法律法规的要求,并建立相关标准和规范。此外,智能驾驶技术的推广还需要考虑社会对智能驾驶的接受程度,以及人们对于智能驾驶系统的信任和态度。

在对智能驾驶技术的探索和发展中不断涌现出各种前沿研究以应对上述挑战。通过机器学习和深度学习技术,智能驾驶系统可以更准确地感知和理解环境。传感器融合和高精度地图的应用,也有助于提高系统的可靠性和自主性。此外,边缘计算、车辆之间的通信以及虚拟测试等技术也为智能驾驶技术的发展带来新的可能性。

Chapter 02

第 2 章
智能驾驶 HIL 仿真测试技术概述

2.1 概述

  智能驾驶算法工程师在设计与实现智能驾驶算法后的重要环节就是测试。智能驾驶测试的意义在于确保智能驾驶技术的安全性、可靠性和实用性。通过对智能驾驶系统进行多方位、全面的测试，可以验证其在各种真实场景和极端条件下的表现。测试过程中发现的潜在问题会被反馈给算法开发人员和工程师，为其提供了优化和改进智能驾驶算法和系统的机会，以推动智能驾驶技术的不断进步。

  然而，智能驾驶测试过程中可能会面临一系列挑战，其中主要包括高成本、时间消耗以及缺乏完备测试场景。

  首先，高成本是智能驾驶测试的一个主要挑战。智能驾驶系统的测试需要使用先进的传感器、高精度地图和计算设备等高价值设备。这些软硬件设备的购买和维护费用相当昂贵，尤其对于刚刚进入智能驾驶领域的初创公司来说，承担这些成本可能是一大负担。

  其次，智能驾驶测试需要耗费大量的时间。测试涵盖了多个方面，包括仿真测试、实车道路测试、边界条件测试等。每一项测试都需要充分的时间来确保系统在各种情况下的安全性和可靠性。此外，测试过程中还可能出现问题和意外情况，导致额外的延迟和时间消耗。

另一个挑战是缺乏完备的测试场景。智能驾驶系统必须在各种实际驾驶场景中进行测试，包括城市道路、高速公路、乡村道路、恶劣天气条件等。然而，由于测试场景的复杂性和多样性，很难覆盖所有可能的驾驶情况。缺乏完备的测试场景可能导致无法对系统在某些特殊情况下的表现进行全面评估，增加了系统出现意外情况的风险。

在这个背景下，智能驾驶硬件在环（HIL）仿真测试在解决以上问题上发挥着关键作用，它将硬件在环仿真技术与智能驾驶算法相结合，以有效验证智能驾驶系统在多样化场景下的性能和安全性。

2.2 基于模型的开发测试方法

2.2.1 MIL

MIL（Model-in-the-Loop，模型在环）测试是一种软件开发和测试方法，它是模型驱动开发（Model-Driven Development，MDD）中的一部分。MIL 的核心思想是在软件开发的过程中，将模型嵌入软件中，并与实际代码进行交互。这个模型可以是数学模型、仿真模型或其他形式的模型，用于描述系统的行为和功能。通过对模型进行仿真和测试，开发人员可以更早地发现和解决潜在的问题，验证系统的功能和行为是否满足预期，提高软件开发效率和质量，MIL 测试原理如图 2-1 所示。

图 2-1　MIL 测试原理

1. MIL 的工作原理和流程

（1）模型定义　在 MIL 中，首先需要定义一个用于描述软件系统行为和功能的模型。这个模型可以是数学模型、状态机、有限自动机、UML 模型等，根据具体应用场景和需求选择合适的模型类型。模型应该能够准确地反映系统的运行方式、输入输出关系、状态转换等。

（2）模型嵌入　一旦模型定义完成，开发人员需要将模型嵌入实际的软件代码中。这通常需要使用特定的工具和技术来实现，以确保模型能够与实际代码进行交互。嵌入模型后，软件系统将同时包含实际代码和模型代码。

（3）模型仿真　在软件开发的早期阶段，开发人员可以使用 MIL 进行模型仿真和测试。通过对模型进行仿真，可以模拟系统的运行行为和功能。这样可以在系统实际实现之前,评估软件的设计和功能,发现可能的问题和错误。

(4)模型测试　模型仿真完成后,开发人员可以进一步使用 MIL 进行模型测试。这包括对模型进行各种场景和用例的测试,以验证模型的正确性和健壮性。开发人员可以模拟不同的输入和环境条件,观察模型的响应和输出是否符合预期。

(5)模型验证　MIL 还可以用于模型的验证。在软件开发的过程中,开发人员通常需要确保模型符合系统需求和规范。MIL 可以帮助开发人员验证模型是否满足指定的功能和行为要求,以及是否与实际代码相一致。

(6)模型优化　如果在模型仿真和测试过程中发现问题,开发人员可以对模型进行优化和改进,包括调整模型的参数、改进模型的设计、优化模型的算法等。优化后的模型可以再次进行仿真和测试,直到满足预期的性能和行为。

(7)生成代码　一旦模型经过验证并达到要求,可以使用 MIL 生成实际的代码。模型中的部分或全部功能将被编译为实际的代码,然后与其他组件集成在一起,形成完整的软件系统。

2. MIL 的优势和应用

提早发现问题:通过在软件开发的早期阶段使用 MIL 进行模型仿真和测试,开发人员可以更早地发现和解决潜在的问题和错误。这有助于降低后期修复问题的成本和风险。

验证设计:MIL 可以帮助开发人员验证软件系统的设计和功能,确保其满足需求和规范。在开发过程中,不断对模型进行验证,可以帮助确保系统的正确性和稳定性。

优化性能:MIL 允许开发人员对模型进行优化和改进,以提高系统性能和响应速度。通过不断地进行仿真和测试,可以找到最优的设计和参数设置。

跨平台开发:由于 MIL 使用模型作为中间层,可以将模型与不同的编程语言和平台集成。这使得跨平台开发变得更加容易。

教育和培训:MIL 还可以用于教育和培训目的。它可以帮助学习者更好地理解软件系统的设计和行为,并通过模型仿真和测试学习软件开发的实际应用。

2.2.2　SIL

SIL(Software-in-the-Loop,软件在环)测试用于测试嵌入式系统和控制系统等应用程序。在 SIL 测试中,开发人员使用实际的软件代码,但在仿真环境中进行测试,而无需实际的硬件设备。SIL 的基本思想是将软件代码与仿真环境相结合,以模拟实际系统的行为和交互。这样可以在早期阶段对软件进行测试,评估其功能和性能，发现潜在问题，并改进软件设计。

SIL 和 MIL 都是软件开发和测试中的不同测试和验证方法，它们在一定程度上有相似之处，但也存在一些显著的区别。

首先，它们的测试对象不同。在 SIL 中，开发人员使用实际的软件代码在仿真环境中进行测试。这意味着测试的对象是实际的软件代码，而不是模型。在 MIL 中，开发人员将模型嵌入软件中，并与实际代码进行交互。测试的对象是嵌入在软件中的模型。

其次，它们的测试层次不同。SIL 主要关注对实际的软件代码进行测试，测试的是实现了模型的代码部分，可以模拟软件在不同情况下的行为。MIL 主要关注对模型进行仿真和测试，测试的是模型的行为和功能。通过模拟模型的行为，可以评估软件的设计和功能是否满足预期。

最后，它们的测试对象复杂度不同。由于 SIL 测试的是实际的软件代码，因此它可以涵盖软件的复杂逻辑和功能。MIL 测试的是模型，相对于实际的软件代码，模型可能简化了一些复杂的细节，因此在模型层面进行的测试可能没有考虑到全部实际代码的细节。

SIL 通常与其他测试和验证方法（如 MIL、HIL）结合使用，形成一种全面的测试策略，帮助确保软件系统的质量和稳定性，其测试原理如图 2-2 所示。

图 2-2　SIL 测试原理

2.2.3　HIL

HIL（Hardware-in-the-Loop，硬件在环）仿真的基本概念是将真实的硬件（如汽车 ECU、飞机控制系统、电机控制器等）与虚拟的仿真环境相结合[4]。这个虚拟仿真环境是通过模型开发工具构建的，能够模拟真实环境中的各种情况和工况。在 HIL 测试中，嵌入式系统被连接到仿真环境中，而不是实际的设备或系统。这样一来，当系统运行时，仿真环境会模拟实际情况，使得系统认为自己与真实硬件交互。

HIL 和 SIL 主要区别在于测试的对象和测试的深度。在 HIL 中，真实的硬件与虚拟仿真环境相结合，允许对嵌入式系统进行全面的测试和验证，包括硬件和软件的交互作用。而在 SIL 中，嵌入式系统的软件被放置在虚拟仿真环境中进行测试，而硬件部分则被模拟或简化处理。因此，HIL 技术相较于 SIL 具有更高的测试可信度和逼真度，能够更加真实地模拟系统在实际硬件上的行为，使得测试结果更加准确可靠。这种进步使得 HIL 成为许多工业领域中的首选测试方法，特别是在涉及复杂的硬件和软件交互的系统开发中。

HIL 相较于 SIL 的一个显著不同是测试的对象。在 HIL 中，硬件和软件是同时测试的，因此可以更好地捕捉系统的整体性能和行为。例如，在汽车行业中，HIL 测试可以将真实的汽车 ECU 连接到仿真环境中，同时与车辆的其他系统进行交互，以测试整个车辆系统在各种工况下的性能和稳定性。这样的全面测试可以帮助开发者发现潜在的问题和缺陷，优化系统设计，提高整体性能。相比之下，SIL 主要集中在嵌入式软件的测试上，无法涵盖硬件方面的表现。

另一个 HIL 相较于 SIL 的进步是测试的逼真度。由于 HIL 测试使用真实的硬件，系统在仿真环境中的运行更加接近实际应用场景。这种逼真度使得 HIL 测试结果更具可信度，更有助于发现可能在 SIL 测试中无法暴露的问题。例如，在飞机控制系统的开发中，HIL 测试可以将真实的飞行控制器与飞行仿真器连接，模拟飞行中的各种情况和异常，以验证飞机的稳定性和安全性。这样的测试可以更好地了解系统的行为，优化控制算法，提高系统的鲁棒性。

此外，HIL 技术相较于 SIL 还具有更高的可扩展性和复用性。由于 HIL 测试是在真实硬件上进行的，因此可以在不同项目和应用中复用硬件设施和测试环境。这种可复用性可以大大减少测试设备和资源的投入，提高测试效率和节约成本。同时，HIL 测试也可以灵活地适应不同的系统和需求，因为硬件和软件的连接可以根据实际情况进行调整和配置，使得测试方案更加灵活多样化。

然而，HIL 技术由于以上所述特点相较于 SIL 也存在一定缺陷。首先，HIL 测试的建立和配置相对复杂，需要开发者具备深厚的硬件和软件知识，以及对系统的深刻理解。其次，由于涉及真实硬件的使用，HIL 测试的成本较高，特别是在购买和维护硬件设备方面。这可能对一些小规模项目或企业构成一定的限制。此外，HIL 测试的时间较长，特别是在大规模系统的测试中，可能需要较长的测试周期。因此，在实际应用中，HIL 和 SIL 往往会结合使用，根据不同阶段和需求选择合适的测试方法。HIL 测试原理如图 2-3 所示。

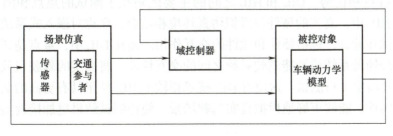

图 2-3　HIL 测试原理

2.2.4 DIL

DIL（Driver-in-the-Loop，驾驶员在环）测试的基本概念是将真实的驾驶员放置在虚拟仿真环境中，使其与汽车控制系统进行交互。这个虚拟仿真环境是通过模型开发工具和仿真软件构建的，能够模拟真实道路和交通场景，以及各种驾驶条件和情况。在 DIL 测试中，驾驶员通过操纵真实汽车的控制装置（转向盘、加速踏板、制动踏板等），与仿真环境中的汽车控制系统进行交互。汽车控制系统则根据驾驶员的操作和仿真环境中的情况，实时控制汽车的运动和行为。

DIL 技术的主要目的是评估驾驶员与驾驶辅助系统或智能驾驶系统之间的交互性能。通过 DIL 测试，可以了解驾驶员在各种情况下对系统的响应和适应能力，以及系统对驾驶员行为的影响。同时，DIL 还可以评估驾驶员在各种紧急情况和边界条件下的反应能力，检验驾驶辅助系统的安全性和可靠性。这样的测试能够帮助开发者优化驾驶辅助系统的设计和算法，确保系统在真实驾驶场景中的有效性和稳定性。

DIL 技术的实现需要一个综合的测试平台，包括驾驶员操作区域、真实汽车控制装置、仿真环境、传感器和实时计算系统。驾驶员操作区域通常采用真实汽车内部的座椅、转向盘、踏板等，以提供真实的驾驶体验。真实汽车控制装置通过与仿真环境中的汽车控制系统连接，实现对汽车的控制。仿真环境则负责模拟各种驾驶场景和条件，包括道路、天气、交通等。传感器负责采集汽车和驾驶员的状态数据，例如车速、加速度、转向盘转角、驾驶员眼动等。实时计算系统对传感器数据进行实时处理和分析，确保测试过程的实时性和准确性。

DIL 技术的应用范围非常广泛。在汽车行业中，DIL 被广泛用于测试和评估驾驶辅助系统和智能驾驶系统，以确保它们在真实驾驶场景中的性能和安全性。此外，DIL 还被应用于汽车驾驶员培训和驾驶行为研究中，帮助驾驶员提高驾驶技能，提高交通安全水平。在航空航天领域，DIL 技术也被用于飞行员培训和飞行系统测试，以确保飞机在复杂的飞行情况下的安全性和可靠性。

DIL 和 HIL 都是用于测试和验证嵌入式系统的重要技术，它们各自有着独特的特点和优势。DIL 和 HIL 之间的主要区别在于测试的焦点和测试的对象。在 HIL 中，真实的硬件与虚拟仿真环境相结合，允许对嵌入式系统进行全面的测试和验证，包括硬件和软件的交互作用。而在 DIL 中，重点是评估驾驶员与驾驶辅助系统或智能驾驶系统之间的交互性能，将真实的驾驶员放置在虚拟仿真环境中进行测试。这使得 DIL 技术相较于 HIL 技术具有更高的测试逼真度和真实性，能够更好地模拟真实驾驶场景，使得测试结果更加接近实际应用情况。

DIL 技术的进步主要体现在以下几个方面：

更真实的测试环境：DIL 技术通过将真实驾驶员置于虚拟仿真环境中，模拟真实道路和交通场景，使得测试更加接近实际驾驶情况。这种逼真的测试环境能够更好地反映驾驶员与驾驶辅助系统或智能驾驶系统的交互情况，提高测试的准确性和可靠性。

更全面的评估：DIL 技术重点关注驾驶员的角色和影响，能够全面评估驾驶员在各种驾驶场景和条件下的反应能力和适应性。这样的测试能够帮助开发者更好地了解驾驶员对系统的理解和操作，发现潜在的问题和改进空间，优化驾驶辅助系统的设计和算法。

提高交通安全性：DIL 技术可以在安全的虚拟环境中对驾驶辅助系统和智能驾驶系统进行测试，评估其在各种情况下的性能和安全性。这样的测试可以帮助发现潜在的安全隐患和缺陷，及早进行修正和改进，提高交通安全性。

驾驶员培训和行为研究：除了在驾驶辅助系统和智能驾驶系统开发中的应用，DIL 技术还可以用于驾驶员培训和驾驶行为研究。通过 DIL 测试，可以帮助驾驶员提高驾驶技能，增强驾驶安全意识，提高交通事故预防能力。

虽然 DIL 技术具有许多优势，但也存在一些缺陷。首先，构建逼真的虚拟仿真环境需要大量的时间和资源，特别是对于复杂的驾驶场景和道路条件。其次，DIL 测试涉及真实驾驶员的参与，需要考虑驾驶员的安全和舒适性，以及测试的可控性。此外，DIL 测试的设计和执行需要合理的驾驶行为模型和仿真算法，以保证测试结果的可靠性和有效性。DIL 测试原理如图 2-4 所示。

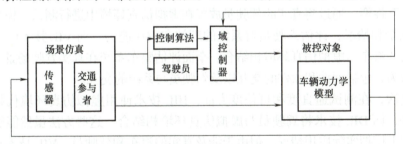

图 2-4 DIL 测试原理

2.2.5 VIL

VIL（Vehicle-in-the-Loop，整车在环）测试的基本概念是将真实的汽车放置在虚拟仿真环境中，使其与虚拟世界进行交互。这个虚拟仿真环境是通过模型开发工具和仿真软件构建的，能够模拟各种道路条件、天气状况、交通情况等。在 VIL 测试中，真实的汽车与仿真环境中的虚拟元素进行交互，包括虚拟交通参与者、虚拟道路标志和虚拟障碍物等。汽车的传感器和控制系统将感知虚拟环境的信息，并做出相应的驾驶决策，实时控制汽车的运动和行为。

VIL 技术的主要目的是评估整车系统在真实驾驶场景下的性能和行为。通过 VIL 测试，可以模拟各种驾驶条件和情况，包括城市交通、高速公路、恶劣天气等，全面了解整车系统的表现。VIL 还可以评估车辆的安全性能，检验驾驶员辅助系统和主动安全系统的有效性。这样的测试可以帮助车辆制造商和开发者发现潜在的问题和缺陷，优化车辆设计和控制算法，提高整车系统的性能和安全性。

VIL 技术的实现需要一个综合的测试平台，包括真实汽车、虚拟仿真环境、传感器和实时计算系统。真实汽车负责模拟真实驾驶场景中的车辆运动和行为。虚拟仿真环境则负责模拟各种驾驶条件和情况，以及虚拟交通参与者和道路标志。传感器负责采集车辆和环境的状态数据，例如车速、加速度、道路标志等。实时计算系统对传感器数据进行实时处理和分析，确保测试过程的实时性和准确性。

VIL 是一种全新的嵌入式系统测试和评估技术，与传统的 HIL 和 DIL 技术相比，具有独特的特点和显著的进步。VIL 技术的主要特点在于将真实的汽车与虚拟仿真环境相结合，通过模拟真实道路和交通场景，全面评估整车系统在真实驾驶场景下的性能和行为。

首先，在测试对象方面，HIL 技术主要集中在硬件和软件交互的测试，将真实的硬件与虚拟仿真环境相连接，模拟不同的工况和边界条件，以评估嵌入式系统的性能和稳定性。DIL 技术则着重于驾驶员与驾驶辅助系统或智能驾驶系统之间的交互性能，通过将真实的驾驶员放置在虚拟仿真环境中进行测试，模拟真实驾驶场景和情况，评估驾驶员对系统的理解和响应能力。而 VIL 技术的重点是将真实的汽车与虚拟仿真环境相结合，全面评估整车系统在真实驾驶场景下的性能和行为，包括硬件和软件的交互以及驾驶员与系统的交互。

其次，在测试逼真度和可信度方面，HIL 技术使用虚拟仿真环境代替真实的硬件，而 DIL 技术将驾驶员与虚拟仿真环境相结合。这些方法虽然能够在一定程度上模拟实际应用情况，但由于涉及真实的汽车和驾驶员，VIL 技术相较于 HIL 和 DIL 技术具有更高的测试逼真度和可信度。VIL 技术通过将真实的汽车置于虚拟仿真环境中，模拟真实道路和交通场景，使得测试更加接近实际驾驶场景，提高测试结果的准确性和可靠性。

再者，在车辆整体性能的综合评估方面，HIL 技术主要集中在硬件和软件交互的测试，无法涵盖驾驶员与系统之间的交互。DIL 技术则重点关注驾驶员与驾驶辅助系统或智能驾驶系统的交互，忽略了整车系统在真实驾驶场景下的性能表现。而 VIL 技术通过将真实的汽车与虚拟仿真环境相结合，全面评估整车系统在真实驾驶场景下的性能和行为，包括硬件和软件的交互以及驾驶员与系统的交互。这种综合评估的方法能够更好地了解整车系统的整体性能，发现潜在的问题

第 2 章 智能驾驶 HIL 仿真测试技术概述

和改进空间,优化整车系统的设计和控制算法。

最后,在提高交通安全性方面,VIL 技术的应用不仅可以在安全的虚拟环境中对车辆系统进行全面测试和评估,提高交通安全性,而且可以用于驾驶员培训和驾驶行为研究。通过 VIL 测试,可以帮助驾驶员提高驾驶技能,增强驾驶安全意识,提高交通事故预防能力。

VIL 技术相较于传统的 HIL 和 DIL 技术有着明显的不同与进步。VIL 技术通过将真实的汽车与虚拟仿真环境相结合,全面评估整车系统在真实驾驶场景下的性能和行为,提高测试的逼真度和可靠性,优化整车系统的设计和控制算法,提高交通安全性。VIL 测试原理如图 2-5 所示。

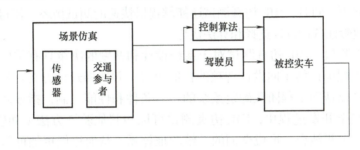

图 2-5　VIL 测试原理

2.3　智能驾驶 HIL 仿真测试的发展历程

2.3.1　早期阶段的 HIL 仿真测试

早期阶段的硬件在环(HIL)仿真测试是一种广泛应用于工程领域的仿真方法,其主要目的是在实际硬件开发之前对系统进行全面且可靠的测试。HIL 仿真测试通过在实际硬件与虚拟环境之间建立连接,模拟真实工作条件,以验证系统的功能、性能和稳定性。这种测试方法在设计和开发过程中的早期阶段就被采用,以便及早发现并修复潜在问题,提高产品质量和开发效率。

早期阶段的 HIL 仿真测试首先涉及开发一个虚拟模型,该模型是对待测试系统的精确仿真。这个模型可以是一个基于物理原理的数学模型,也可以是一个基于系统规格和行为的逻辑模型。虚拟模型必须能够准确地模拟待测试系统的所有关键特性和交互,从传感器和执行器到控制算法和系统响应。虚拟模型的准确性对于后续的测试结果和验证非常重要,因为它直接决定了测试的可靠性和有效性。

在虚拟模型准备好后,HIL 仿真测试平台被建立起来。该平台通常包括实时仿真环境、实际硬件系统、数据采集和处理单元以及测试控制单元。虚拟模型通过实时仿真环境与实际硬件系统进行连接，并通过数据采集单元收集来自硬件系统的实际输入和输出数据。测试控制单元负责管理仿真过程，将虚拟模型的输入发送给实际硬件系统，并将实际硬件系统的输出传递给虚拟模型进行比较和分析。

早期阶段的 HIL 仿真测试通过将待测试系统置于实际工作条件下来验证其功能。这种方法能够模拟真实环境中的各种复杂情况和不确定性，例如温度变化、电压波动、机械振动等。通过在仿真环境中进行测试，工程师可以及早发现系统的潜在问题，并对其进行调整和改进，避免在硬件开发的后期阶段遇到昂贵和耗时的问题。同时，HIL 仿真测试还能够提供快速的测试循环，使得工程团队可以高效地验证各种设计选择和算法优化。

在早期阶段，HIL 仿真测试对于系统设计和开发的决策具有重要意义。它可以帮助工程师评估不同设计选项的性能差异，并选择最佳方案。此外，该测试方法还可以帮助工程团队确定系统的边界条件和性能限制，指导后续开发的方向。在整个开发过程中，HIL 仿真测试可以与其他验证方法（如软件仿真、实际试验等）相结合，形成全面的系统验证体系，从而提供更加可靠和全面的结果。

2.3.2 虚拟化与数字化发展阶段

在早期阶段的 HIL 仿真测试发展一段时间后，随着虚拟化与数字化技术的不断成熟和应用，这两者相互融合，为工程领域带来了深远的变革和发展。在虚拟化阶段，HIL 仿真测试得到了进一步的提升和扩展，通过虚拟化技术实现更高效、更灵活的仿真环境。在数字化阶段，HIL 仿真测试则从简单的功能验证扩展到更全面的数据驱动和智能化测试，为系统开发和优化提供了更深入的洞察力。

在虚拟化阶段，HIL 仿真测试不再局限于单一的物理试验环境，而是通过虚拟化技术将测试环境完全搬迁到虚拟化平台。这意味着不再需要昂贵的物理硬件设备，而是将测试环境建立在虚拟机、容器或云计算资源上，从而实现更高效的资源利用和灵活的测试配置。虚拟化技术使得 HIL 仿真测试的成本和时间大幅降低，同时还提供了更多测试规模和变化的可能性，从而更好地满足不同领域和项目的需求。

在虚拟化阶段，HIL 仿真测试还可以与其他虚拟化技术相结合，例如网络虚拟化和存储虚拟化。通过将测试环境与网络和存储资源虚拟化整合，可以更好地模拟真实环境下的复杂互动和性能情况，提供更全面和准确的测试结果。此外，虚拟化技术还允许在多个地理位置之间进行分布式测试，为全球化项目的开发和测试提供了便利。

在数字化阶段，HIL 仿真测试从单纯的功能验证向数据驱动和智能化测试迈进。随着大数据技术和人工智能的发展，HIL 仿真测试可以从海量的数据中提取有价值的信息，优化测试方案和改进产品设计。数据驱动的 HIL 仿真测试可以分析系统的工作状态、性能指标和故障模式，从而更好地理解系统的行为和局限性。

智能化的 HIL 仿真测试在数字化阶段也得到了迅速发展。通过结合机器学习和深度学习技术，HIL 仿真测试可以实现自动化测试方案的生成和优化。智能化测试可以根据系统特性和测试目标，自动选择合适的测试参数和策略，提高测试效率和覆盖范围。此外，智能化的 HIL 仿真测试还可以实现自动故障检测和故障排除，加速问题定位和解决过程。

在数字化阶段，虚拟化技术和智能化技术的融合也为 HIL 仿真测试带来了新的机遇。虚拟化技术为智能化测试提供了更多的试验数据和场景，从而提高机器学习模型的准确性和鲁棒性。智能化技术则可以优化虚拟化测试环境的配置和资源分配，使得测试过程更加智能化和高效化。

虚拟化技术使得 HIL 仿真测试更具高效性和灵活性，为测试环境提供了更多选择和配置。数字化技术则使得 HIL 仿真测试从功能验证扩展到数据驱动和智能化测试，为系统优化和故障排除提供了更深入的洞察力和自动化能力。

2.3.3 智能化发展阶段

经过早期阶段的 HIL 仿真测试的发展以及虚拟化与数字化阶段的融合，智能化领域取得了令人瞩目的进步与发展。智能化是指在系统、设备和服务中应用人工智能、机器学习、深度学习等技术，使其具备感知、理解、学习和决策的能力。智能化在多个领域都取得了显著的突破，如智能交通、智能制造、智能医疗等，为社会带来了巨大的价值和影响。

在智能化领域，HIL 仿真测试发挥着关键作用。通过早期阶段的 HIL 仿真测试，工程师们可以在系统实际硬件开发之前快速验证和优化智能化算法和决策逻辑。虚拟化与数字化技术的发展使得 HIL 仿真测试更加智能化和高效化，为智能化系统的开发提供了更强大的支持。下面将重点介绍在智能交通、智能制造和智能医疗领域的发展。

1. 在智能交通领域的发展

在智能交通领域，智能化技术正在推动交通系统的优化和智能化。基于早期阶段的 HIL 仿真测试，智能交通系统可以通过模拟真实道路和车辆的交互，优化交通信号灯控制算法、智能车辆间通信协议等。虚拟化与数字化技术的应用使得智能交通系统可以借助大数据分析来预测交通拥堵、优化路径规划，从而提高交通效率和降低能源消耗。

智能驾驶技术也是智能交通领域的热点。通过 HIL 仿真测试，智能驾驶算法和决策逻辑可以在安全虚拟环境中进行测试，从而确保其在实际路况中的可靠性和安全性。虚拟化与数字化技术的发展还使得智能驾驶系统可以与车联网和智能交通基础设施进行连接，实现车辆间和车路协同，更好地适应复杂城市交通环境。

2. 在智能制造领域的发展

在智能制造领域，智能化技术正在推动制造过程的智能化和自动化。通过 HIL 仿真测试，智能制造系统可以优化生产线的布局和设备的调度，实现生产过程的智能化控制和优化。虚拟化与数字化技术的应用还使得智能制造系统可以建立数字孪生模型，实时监测生产状态和质量指标，预测设备故障，提高生产效率和质量。

智能化技术还推动了人机协作的发展，使得智能机器人和人类工人可以更加灵活地合作，共同完成复杂的制造任务。HIL 仿真测试为智能机器人的控制算法和自主导航提供了安全的测试环境，使其能够适应不同制造场景和工件的变化。

3. 在智能医疗领域的发展

在智能医疗领域，智能化技术正在推动医疗服务的智能化和个性化。通过 HIL 仿真测试，智能医疗系统可以模拟患者的生理特征和病情变化，优化医疗决策和治疗方案。虚拟化与数字化技术的发展还使得智能医疗系统可以从大量的医疗数据中学习和发现潜在的治疗模式和疾病风险，提高医疗诊断的准确性和效率。

智能化技术还推动了远程医疗和医疗机器人的发展。通过 HIL 仿真测试，远程医疗系统可以实现远程诊断和治疗，使医疗资源得到更好的分配和利用。医疗机器人可以在手术中实现更精准的操作和更小创伤，提高手术效率和安全性。

HIL 仿真测试在智能化系统的开发和优化中扮演着重要角色，虚拟化与数字化技术的融合使得智能化系统更智能化和高效化。随着技术的不断创新和发展，智能化领域的前景将更加广阔。

2.3.4　大数据与云计算的应用

大数据和云计算作为信息技术的两大核心支撑，与 HIL 仿真测试以及智能化技术相结合，为工程领域带来了革命性的变革与创新。

早期阶段的 HIL 仿真测试为工程师们提供了宝贵的测试数据，但随着系统和设备复杂性的增加，数据量也呈爆发式增长。在虚拟化与数字化阶段，大数据技术得到广泛应用，通过存储、处理和分析海量的测试数据，工程师可以更好地理解系统的性能特征和故障模式。大数据技术使得 HIL 仿真测试不再局限于局部性的验证，而是能够对整个系统进行全面性能评估，从而更好地优化系统设计和调整控制算法。

同时，云计算技术为 HIL 仿真测试提供了高效的计算和资源支持。传统的 HIL 仿真测试需要昂贵的硬件设备和大量的计算资源，而云计算将计算能力虚拟化，使得工程师们可以通过云平台租用所需的计算资源，按需使用，大大降低了测试成本。云计算还可以实现分布式仿真，允许多个团队在不同地点同时进行测试，促进合作与协作。这样的灵活性和高效性使得 HIL 仿真测试能够更好地适应不断变化的工程需求。

智能化系统产生大量的数据，包括传感器数据、用户数据、图像、视频等。通过大数据技术，可以对这些数据进行收集、存储、处理和分析，从中挖掘出有价值的信息和模式。例如，在智能交通领域，大数据技术可以收集车辆和交通信号灯的实时数据，优化交通信号灯的配时和路口优化，缓解交通拥堵。在智能医疗领域，大数据技术可以分析大量的医疗数据，辅助医生做出诊断和治疗决策，提高医疗服务的质量和效率。

同时，大数据技术也为智能化系统的机器学习和深度学习提供了数据基础。机器学习和深度学习算法需要大量的数据进行训练，从而不断优化和改进自身的性能。通过大数据技术，智能化系统可以从海量数据中学习和发现模式，从而实现更智能化的决策和行为。

云计算技术在智能化领域的应用也日益普及。随着智能化系统的复杂性增加，需要更强大的计算能力来支持智能算法的实时推断和预测。通过云计算，智能化系统可以将部分计算任务卸载到云端进行处理，从而降低终端设备的计算压力，提高智能化系统的实时性和响应能力。云计算还可以实现智能化系统之间的数据共享和协作，促进智能化系统的集成和联动，提高整体智能化水平。

2.3.5 安全性和可靠性的提升

通过早期阶段的 HIL 仿真测试，工程师们可以在实际硬件开发之前发现和解决潜在的问题，从而降低系统故障和事故的风险。虚拟化与数字化阶段的发展使得 HIL 仿真测试更加智能化和高效化，为系统设计和优化提供了更全面的洞察力。在智能化领域的发展下，HIL 仿真测试通过大数据和云计算技术的应用，使得系统的安全性和可靠性得到进一步提升，为未来的工程发展奠定了坚实基础。

首先，HIL 仿真测试在早期阶段为系统的安全性和可靠性提供了重要的保障。在系统开发的初期，通过 HIL 仿真测试可以模拟各种真实工作条件，包括不同的环境变化和异常情况。这种模拟让工程师们能够及早发现系统的潜在问题，例如传感器故障、控制算法错误或者硬件故障。及早发现和解决这些问题可以避免系统在实际应用中可能导致的故障和事故，从而提高系统的安全性和可靠性。

其次，虚拟化与数字化阶段的发展使得 HIL 仿真测试更加智能化和高效化。通过虚拟化技术，HIL 仿真测试可以将测试环境搬迁到虚拟化平台，从而避免了昂贵的物理硬件设备和复杂的测试设置。虚拟化技术还允许在多个虚拟环境中同时进行测试，并且可以通过网络进行分布式测试，从而提高测试效率和资源利用率。数字化技术使得 HIL 仿真测试可以处理大量的测试数据，通过大数据分析和机器学习技术，挖掘出隐藏在数据背后的有价值的信息，优化系统设计和控制算法，提高系统的性能和可靠性。

再次，在智能化领域的发展下，HIL 仿真测试通过大数据和云计算技术的应用进一步提升了系统的安全性和可靠性。大数据技术可以处理系统产生的大量数据，包括传感器数据、用户数据、环境数据等，从中挖掘出系统的运行状态、性能指标和故障模式。通过对这些数据进行实时监测和分析，工程师们可以在系统出现异常或者潜在故障前及时做出反应，从而预防事故的发生。云计算技术为 HIL 仿真测试和智能化系统提供了高效的计算和资源支持，使得系统可以实时进行大规模的数据处理和决策推断，进一步提高系统的实时性和响应能力。

最后，HIL 仿真测试在提升安全性和可靠性方面的应用还体现在智能化技术的支持下。智能化系统可以通过学习和优化来提高自身的性能和适应性。通过 HIL 仿真测试，智能化系统可以在安全虚拟环境中进行学习和训练，不断优化决策算法和控制策略，从而使得系统能够更好地适应不同的工作环境和复杂的任务。智能化技术还可以实现自动故障检测和故障排除，及时预警和处理系统的故障，保障系统的安全性和可靠性。

2.4 智能驾驶 HIL 仿真测试的起源与背景

2.4.1 航空航天领域的 HIL 仿真测试

HIL（硬件在环）仿真测试的起源可以追溯到航空航天领域的发展。航空航天系统的复杂性和高风险性要求必须对其控制系统进行全面严格的测试和验证，以确保其安全性和稳定性。然而，传统的实际飞行测试不仅昂贵，还涉及安全风险。为了降低成本、提高测试效率和安全性，航空航天领域引入了仿真技术。HIL 仿真测试作为其中的重要分支，将实际的航空航天硬件（如传感器、执行器、控制单元）与虚拟的仿真环境相结合，通过仿真软件模拟各种飞行状态和异常情况，对飞行控制系统进行全面的测试和验证。

航空航天领域是现代工程技术中最复杂和最具挑战性的领域之一。自航空航天技术出现以来，人类一直不断探索飞行的极限，并不断改进飞行器的设计和性能。然而，随着飞行器的不断发展和进步，其系统和控制变得越来越复杂，而传统的试飞测试已经不能满足对控制系统全面严格的测试需求。

传统的实际飞行测试涉及将飞行器进行实际飞行，以获取有关其性能和稳定性的数据。然而，这种测试方法有许多缺点。首先，实际飞行测试需要昂贵的飞行器材和设备，涉及大量的资源投入。其次，实际飞行测试存在很高的安全风险，特别是在对新型飞行器进行测试时，如果出现问题可能导致严重的后果。此外，实际飞行测试还受制于天气条件、地理位置和飞行器的可用性，这限制了测试的灵活性和可控性。

为了克服传统实际飞行测试的种种限制，航空航天领域开始研究和应用仿真技术。仿真技术的核心思想是通过计算机软件模拟真实系统的行为，从而在虚拟环境中进行测试和验证。这种方法有很多优势，比如成本较低、风险较小、可重复性强等。因此，仿真技术逐渐成为航空航天领域中的重要测试手段。

HIL 仿真测试的概念是将实际的硬件（例如传感器、执行器、控制单元）与虚拟的仿真环境相结合，构成一个闭环的测试系统。在这个系统中，实际硬件包括传感器、执行器和控制单元，可以感知仿真环境中的输入信号，并对仿真环境做出响应。而仿真软件则用于模拟飞行状态和异常情况。通过将实际硬件与仿真软件连接，可以在虚拟环境中模拟实际飞行的各种情况，并通过反馈机制使得硬件能够与虚拟环境进行交互。这种闭环的设计使得仿真测试更加接近实际飞行的情况，同时又避免了实际飞行测试的高成本和高风险。

随着计算机技术的不断进步，仿真软件的功能得到了大幅提升，使得 HIL 仿真测试成为一种更加可行和有效的测试方法。在 HIL 仿真测试中，可以精确地模拟各种飞行状态和异常情况，以及不同的环境条件，从而全面测试飞行控制系统的性能和稳定性。与传统的实际飞行测试相比，HIL 仿真测试具有显著的优势，包括成本降低、风险减小、测试效率提高等。

HIL 仿真测试在航空航天领域的应用不断扩展。它不仅可以用于测试飞行控制系统，还可以用于飞行器设计优化、异常情况测试和飞行员培训等方面。随着仿真技术的不断发展和成熟，HIL 仿真测试将在航空航天领域发挥越来越重要的作用，为航空航天系统的安全性、可靠性和性能提供强大的支持。

2.4.2　HIL 仿真测试在汽车领域的引入

汽车作为现代社会不可或缺的交通工具，其技术水平在不断提升。从传统的机械结构到现代的电子控制系统，汽车正不断演进为高度复杂的机电一体化系统。在汽车中，控制系统起着至关重要的作用，它负责监测和控制各个部件的运行，以确保汽车的安全、性能和燃油效率[5]。

然而，由于汽车系统的复杂性，测试和验证控制系统变得非常重要。传统的实际道路测试是验证汽车性能的重要手段之一，但它存在很多局限性。首先，实际道路测试需要耗费大量的时间和资源，特别是在对新型汽车进行测试时，可能需要大量的里程和测试车辆。其次，实际道路测试受到环境条件的限制，例如天气、交通状况等，这可能影响测试的准确性和可重复性。此外，实际道路测试还存在安全风险，特别是在测试高度自动化和智能驾驶系统时，可能会面临严重的事故风险。

为了克服传统实际道路测试的限制，汽车领域引入了 HIL 仿真测试技术。HIL 仿真测试的核心思想是将实际的汽车硬件（如传感器、执行器、ECU 等）与虚拟的仿真环境相结合，通过仿真软件模拟各种驾驶状态和异常情况，对汽车控制系统进行全面的测试和验证。HIL 仿真测试的引入为汽车领域带来了新的可能性，它可以在实验室环境中进行大量的测试，并模拟各种复杂的驾驶场景，从而提高测试的效率和安全性。

HIL 仿真测试是通过将实际的汽车硬件与虚拟的仿真环境相结合，构成一个闭环的测试系统来实现的。实际的汽车硬件包括传感器、执行器、ECU 等，它们可以感知车辆的实际状态并产生控制信号。而虚拟的仿真环境则由仿真软件构建，它可以模拟各种驾驶状态和异常情况，例如不同的驾驶路况、不同的交通情况、不同的天气条件等。

在 HIL 仿真测试中，实际的汽车硬件与仿真软件通过数据接口进行通信，形成一个闭环的测试环境。在这个环境中，实际的汽车硬件会根据仿真软件的输出做出响应，仿真软件则根据实际硬件的输入调整仿真环境。这种闭环的设计使得 HIL 仿真测试更加接近实际道路测试的情况，同时又避免了实际道路测试的高成本和高风险。

目前由于电动汽车的迅猛发展，HIL 仿真测试也被引入电动汽车行业，其主要应用于两个领域：三电 HIL 仿真测试和智能驾驶 HIL 仿真测试。

1. 三电 HIL 仿真测试

新能源汽车的崛起使得电动化技术成为汽车行业的重要发展方向。其发展离不开三电系统的支撑。三电系统包括电池管理系统（Battery Management System，BMS）、电驱动系统和电动辅助系统。其中，BMS 负责监测和管理电池的状态，确保电池的安全性和寿命；电驱动系统将电能转化为动能，驱动车辆行驶；电动辅助系统则提供了各种功能，如空调、电动车窗等，增强驾乘体验。

然而，新能源汽车的三电系统也面临着一系列挑战。首先，电池的充放电过程涉及复杂的物理和化学反应，受到温度、电流、电压等多个因素的影响，这使得 BMS 的设计和控制变得非常复杂。其次，电驱动系统需要精确控制电机的转速和转矩，以满足不同驾驶场景下的需求，这对电驱动系统的控制策略提出了高要求。再次，电动辅助系统需要与车辆其他部件进行协调工作，确保整车的稳定性和安全性，这要求电动辅助系统具备高度可靠性。

为了确保新能源汽车的三电系统在各种复杂的驾驶场景下能够稳定运行，需要对其进行全面严格的测试和验证。而传统的实际道路测试不仅昂贵，而且可能面临安全风险。因此，汽车行业引入了三电 HIL 仿真测试技术，以实现在实验室环境下对三电系统进行全面的测试和验证。

三电 HIL 仿真测试的核心思想是将实际的电池管理系统、电驱动系统和电动辅助系统硬件与虚拟的仿真环境相结合，通过仿真软件模拟各种驾驶状态和异常情况，对三电系统进行全面的测试和验证，如图 2-6 所示。在三电 HIL 仿真测试中，首先需要搭建实际的电池管理系统、电驱动系统和电动辅助系统硬件，并将其连接到计算机系统。接着，开发相应的仿真软件，用于模拟电池充放电过程、电驱动系统的功率输出和电动辅助系统的各种功能。然后，通过数据接口将实际硬件与仿真软件连接在一起，形成一个闭环的测试环境。在这个环境中，实

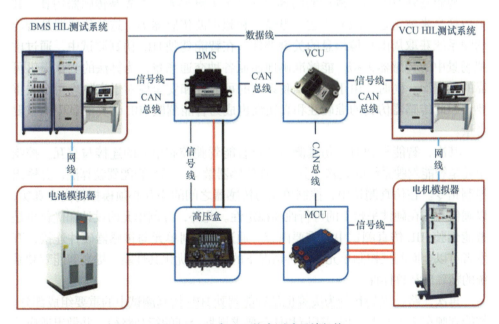

图 2-6 三电 HIL 仿真测试系统架构

际硬件可以感知仿真环境中的输入信号,并对仿真环境做出响应,仿真软件则根据实际硬件的输入调整仿真环境。因此,三电系统在虚拟环境中进行全面测试和验证,从而确保其在实际车辆中的稳定性和性能。

2. 智能驾驶 HIL 仿真测试

智能驾驶 HIL 仿真测试是指针对智能驾驶系统进行的硬件在环仿真测试。随着智能驾驶技术的不断发展,智能驾驶系统在汽车领域中逐渐得到广泛应用。智能驾驶 HIL 仿真测试逐渐成为当今智能驾驶技术发展的关键一环,它将硬件在环仿真技术与智能驾驶算法相结合,为智能驾驶系统的开发、验证和优化提供了高度精确、安全可控的测试环境。在过去的几年中,智能驾驶技术取得了突飞猛进的进展,各大汽车制造商和科技公司都加大了对智能驾驶技术的投入和研发。智能驾驶 HIL 仿真测试作为其中的一项关键技术,为实现全面智能驾驶的愿景提供了强有力的支持[6]。

智能驾驶 HIL 仿真测试的核心目标在于验证和优化智能驾驶算法。智能驾驶算法是智能驾驶系统的关键组成部分,它负责从传感器中获取数据,并根据这些数据做出智能的决策,控制车辆行驶。因此,对智能驾驶算法进行全面而深入的测试是确保智能驾驶系统安全可靠运行的必要条件。在智能驾驶 HIL 仿真测试中,开发者将智能驾驶算法嵌入连接硬件的系统中,通过模拟各种复杂的交通场景和复杂的道路条件,全面评估算法在各种情况下的表现,从而不断优化算法,提高智能驾驶系统的性能。

智能驾驶 HIL 仿真测试的内容包含多个关键要素。首先是传感器仿真,其中包括毫米波雷达、激光雷达、摄像头和超声波传感器等。这些传感器是智能驾驶系统获取周围环境信息的关键部件。在智能驾驶 HIL 仿真测试中,通过虚拟场景中的传感器模拟,能够准确地还原各种交通场景,为算法的测试提供可靠的数据源。同时,由于智能驾驶系统的可靠性和安全性对于实际应用至关重要,因此传感器仿真的准确性和真实性也成为智能驾驶 HIL 仿真测试中的重要考量。

其次,智能驾驶 HIL 仿真测试涉及智能驾驶控制单元的连接与交互。控制单元是智能驾驶系统的大脑,负责处理传感器数据,运行智能驾驶算法,并输出控制指令。在仿真测试中,控制单元与传感器之间的交互必须模拟得高度真实,以确保算法在硬件平台上的可行性和稳定性。此外,控制单元的设计和优化也是智能驾驶 HIL 仿真测试中的重要内容。通过将控制单元与传感器硬件连接,开发者可以全面测试控制单元在各种情况下的表现,优化其性能,提高智能驾驶系统的精确度和鲁棒性。

再次,路径规划和行为决策也是智能驾驶 HIL 仿真测试中的重要组成部分。智能驾驶车辆需要根据周围环境和任务要求规划合理的行驶路径,并做出适应性的行为决策。在仿真测试中，开发者可以针对不同的交通场景和道路情况，测试智能驾驶算法的路径规划和决策能力，从而不断优化算法的效率和安全性。路径规划和行为决策的准确性和可靠性对于智能驾驶系统的运行至关重要，通过智能驾驶 HIL 仿真测试，开发者可以发现潜在问题，改进算法，提高智能驾驶系统的性能和安全性。

在智能驾驶 HIL 仿真测试中，一项关键的任务是制定合理的评估指标。评估指标是衡量智能驾驶系统性能的重要标准，也是开发者优化算法的依据。评估指标可以包括系统的稳定性、响应时间、路径规划的准确性、行为决策的安全性等。通过制定科学合理的评估指标，可以客观全面地评估智能驾驶系统的性能，发现潜在问题，并优化系统。

此外，在智能驾驶 HIL 仿真测试中，不同的测试场景和用例也是必不可少的。测试场景的多样性可以涵盖日常道路、高速公路、复杂交叉口、极端天气等各种情况，以验证智能驾驶系统在不同场景下的应对能力。通过设计合理的用例，开发者可以对智能驾驶系统的全面性能进行评估，从而更好地发现潜在问题，指导系统的优化。

智能驾驶 HIL 仿真测试还可以进行大规模的回环测试。所谓回环测试，即将系统输出的动作指令和传感器数据重新注入系统中作为输入，实现系统在虚拟场景中的"自我驱动"。这种测试方式可以在短时间内快速迭代，发现潜在问题，并及时进行调整和改进。通过回环测试，开发者可以模拟各种复杂情况，包括极端天气、交通堵塞和紧急情况等，从而增加智能驾驶系统在现实世界中的安全性和可靠性。

智能驾驶 HIL 仿真测试的内容涵盖了传感器仿真、控制单元交互、路径规划与行为决策、评估指标制定、测试场景设计和回环测试等多个方面。通过将硬件在环仿真技术与智能驾驶算法相结合，智能驾驶 HIL 仿真测试为智能驾驶系统的开发和验证提供了高效可靠的手段。通常，智能驾驶 HIL 仿真测试系统包含三个模块：环境仿真模块、实时交互模块、智能驾驶算法模块，如图 2-7 所示。环境仿真模块运行在 Windows 上位机中，除此之外还有下位机控制软件、试验管理软件等；实时交互模块运行在实时处理系统 PharLap 中，负责车辆模型的计算与响应；智能驾驶算法模块通常运行在 Linux 系统中，通常由自动驾驶算法框架，如 Autoware 以及车辆控制指令门限模块如 Vehicle_cmd 组成。被测控制器接收来自场景仿真的传感器数据以及来自实时系统的定位位姿等数据，智能驾驶系统处理后得到对应车辆控制量，控制量包括速度、加速度、转向角、制动量、档位等，经由车辆指令门限处理后通过 CAN 传输给实时系统，实时系统计算得到对应的位姿变换，实现闭环测试。

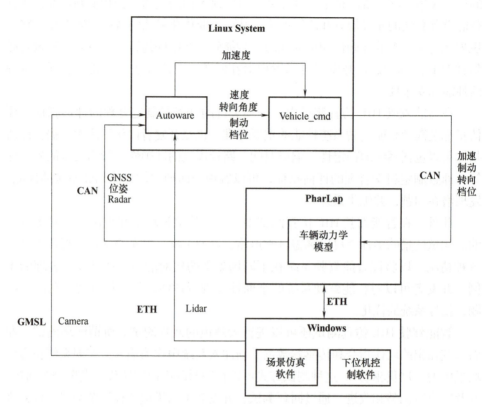

图 2-7 智能驾驶 HIL 仿真测试系统框架

2.5 智能驾驶 HIL 仿真测试环境仿真模块

环境仿真模块用于创建虚拟的驾驶环境，模拟各种实际驾驶场景和道路条件。环境仿真模块可以包括虚拟地图、道路网络、其他车辆、行人、天气状况等元素。通过模拟不同的驾驶环境，可以对智能驾驶系统进行全面的测试和验证，以确保其在各种情况下都能正确地做出决策和操作。

2.5.1 虚拟场景构建

1. 虚拟场景构建的内容

此处特指为面向智能驾驶车辆测试的虚拟静态场景内容[7]，如图 2-8 所示，通常包括以下内容：

路网和道路拓扑：包括道路的车道数、交叉口、转弯道、高速公路、环路等。
交通元素：交通信号灯与交通标志牌等。

路边周边元素：包括路灯、车站、垃圾箱、绿化带、建筑物等。

交通参与者：机动车、非机动车与行人等。

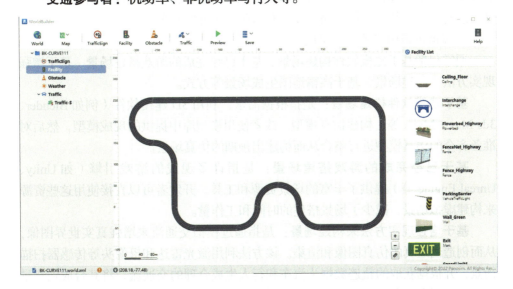

图 2-8　场景构建

传统导航系统通常使用普通的导航地图，这些地图主要用于提供基本的导航指引，如路线规划和导航指示。这些地图通常包含主要的道路、道路名称、交叉口等信息，对于一般的导航需求足够满足。

然而，智能驾驶系统需要更高精度和细腻度的地图数据，这样的地图称为高精度地图（High-Definition Map，HD Map）。高精度地图在道路几何描述上提供了极高的精度和详细信息，对智能驾驶车辆的精确定位、感知和规划等功能至关重要。与此同时，由于包含道路和周边环境元素描述的高精地图在自动化或半自动化创建三维仿真场景的技术路线上是前提条件，所以高精地图的创建是虚拟场景构建的重要内容，通常包含以下要素：

元素类型描述：高精度地图需要包含各种元素类型的描述，比如禁停区、人行横道、减速带、车道边界、交通标志等。每种元素都有其特定的功能和属性，这些信息需要被准确描述并嵌入地图数据中。

元素几何形状描述：对于每个元素，高精度地图需要提供准确的几何形状。例如，对于车道边界，可以采用坐标序列的方式来描述其形状。对于交通标志，需要描述其位置和朝向等信息。

元素的属性描述：除了几何形状，高精度地图还需要包含元素的属性描述。这些属性描述可能包括交通标志的长度、颜色、类型、限速信息等。这些属性信息对于智能驾驶系统的感知和决策至关重要。

元素之间相互关系的描述：在高精度地图中，不同元素之间可能存在相互关联关系。例如，停止线与信号灯之间的关联，或者交叉口的连接关系等。这些关系信息对于智能驾驶系统的路径规划和行驶决策非常重要。

2. 虚拟场景构建的技术手段

通常包括基于建模软件构建场景、基于已经完成的游戏搭建场景、基于增强现实方法来构建场景、基于高精地图生成场景等方式。

基于建模软件构建场景：是指根据需求，利用 3D 建模软件（例如 Blender、3ds Max、Maya 等）构建仿真模型，或者使用模型库中提供的现成模型，然后对准备齐全的仿真模型进行整合从而构建出预期的仿真场景。

基于已经完成的游戏搭建场景：是指许多现成的游戏引擎（如 Unity、Unreal Engine 等）提供了丰富的场景资源和工具。开发者可以直接使用这些资源来构建虚拟场景，减少了场景搭建的时间和工作量。

基于增强现实方法来构建场景：是指通过模拟交通流来增强真实世界图像，从而创造出逼真的仿真图像和渲染。该方法利用激光雷达和摄像头等传感器扫描街景，并根据获取的轨迹数据为汽车和行人生成合理的交通流，将其合成到背景中。通过再合成和注释，生成的逼真图像可用于从感知到规划的智能驾驶系统的训练和测试，为智能驾驶技术的发展提供有力支持。

基于高精地图生成场景：是指当使用高精度地图生成场景的方式时，我们面临的是将来自不同来源的真实非结构化测绘数据进行处理和融合，以创建高精度的虚拟场景。这样的场景构建方法在智能驾驶和虚拟现实等领域具有重要的应用价值。具体实现过程包括以下步骤：

收集真实测绘数据：首先，需要收集来自多种测绘数据源的信息，如斜扫点云数据、全景图像、测绘矢量数据和卫星影像等。这些数据可能来自激光雷达、摄像头、GPS 测绘仪等传感器，用于获取不同角度和维度的环境信息。

数据结构化：接下来，对收集到的真实非结构化测绘数据进行结构化处理，将其转化为高精度地图。这个过程涉及数据预处理、点云配准、影像拼接、特征提取等步骤，以构建一个准确、完整的地图模型。

场景生成：基于结构化地图数据，我们可以根据不同语义和特征调用虚拟资源来生成虚拟场景。例如，通过在高精度地图上添加道路标记和交通标志，创建虚拟车辆和行人，以及在合适位置添加建筑物和植被，可以构建逼真的城市街道场景。

深度理解环境：由于高精度地图包含了大量的环境信息，智能驾驶系统或虚拟现实应用可以通过分析地图数据来深度理解道路和交通等环境。这种理解可以用于智能驾驶车辆的感知、规划和决策，或者为虚拟现实用户提供更真实的交互体验。

2.5.2 传感器仿真

智能驾驶 HIL 仿真测试中的传感器仿真是指模拟智能驾驶系统所使用的传感器设备，以产生虚拟的感知数据，用于测试和验证智能驾驶系统的感知能力和决策性能。常见的传感器包括：激光雷达、摄像头、毫米波雷达、其他传感器。

1. 激光雷达

激光雷达是智能驾驶系统中常用的传感器之一，用于获取周围环境的距离和形状信息，如图 2-9 所示。在仿真中，需要模拟每一条真实激光雷达射线的发射，与场景中的物体求交，从而生成虚拟的点云数据。为了保证求交结果的准确性，需要为场景资源添加足够精细的物理模型，甚至与原始模型完全一致。然而，由于每秒需要扫描的雷达射线次数过多，且求交算法计算复杂度高，因此仿真时通常利用 CPU 并行或 GPU 并行计算的方式来提高扫描效率，以达到实时仿真的效果。

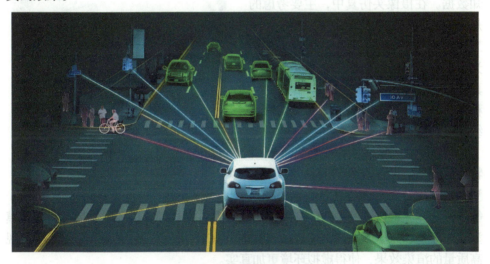

图 2-9 激光雷达环境感知

激光雷达仿真的一个重要考虑因素是激光反射强度。反射强度跟不同物理材质对激光雷达所使用的近红外光线反射率有关。仿真时需要为场景资源设置合适的物理材质，包括各种道路、人行道、车道线、交通牌、交通灯、汽车、行人等，每一种物理材质的激光反射率都不相同。可以使用仪器提前测得每一种物理材质的激光反射率，并记录下来。激光雷达的仿真结果一般会通过将最终反射强度归一化到 0~255 的方式表示。

激光雷达仿真的结果一般位于激光雷达本地坐标系下。为了将仿真结果转换到世界坐标系，需要进行坐标转换。首先根据激光雷达的安装位置和角度将其转换到主车坐标系，然后再根据主车仿真 GPS 信息将其转换到世界坐标系。激光雷达的仿真结果包括带反射强度的点云和障碍物真值信息，如位置、朝向、包围盒大小、速度和类型等等。这些信息是智能驾驶系统感知和规划模块的输入数据。

为了使智能驾驶 HIL 仿真测试结果更加真实和可信，需要注意场景资源的准确性和细节。精细的场景建模和合理的物理材质设置对于产生逼真的仿真结果至关重要。同时，仿真的精确性也要受到硬件设备和仿真算法的支持。在实际应用中，智能驾驶 HIL 仿真测试系统通常与高性能的计算设备和优化的仿真算法相结合，以实现高效、准确的仿真。

2. 摄像头

摄像头仿真是智能驾驶 HIL 仿真测试中的重要组成部分，如图 2-10 所示。它通过模拟摄像头感知真实环境的过程，为智能驾驶系统提供虚拟的视觉感知数据。在摄像头仿真中，主要考虑的是构建真实的三维环境，模拟摄像头的工作原理，以及处理各种复杂的天气和光线条件。摄像头仿真的目标是生成与真实摄像头输出一致的图像，并提供各种障碍物的真值信息，用于智能驾驶系统的感知、决策和规划。

首先，摄像头仿真需要基于环境物体的几何空间信息构建对象的三维模型。这包括道路、建筑物、车辆、行人

图 2-10　鱼眼摄像头成像

等各种物体。根据这些物体的真实材质与纹理，通过计算机图形学技术对三维模型添加颜色和光学属性。常用的物理渲染引擎如 Unreal Engine 或 Unity 能够实现高质量的渲染效果，使得虚拟环境更加真实。

其次，摄像头仿真需要模拟摄像头的成像过程。这包括将三维空间中的点通过透视关系转换为图像上的点，实现世界坐标系到摄像头坐标系，再到图像坐标系，最终到像素坐标系的转换。同时，需要考虑摄像头的内部数据采集过程，包括焦距、畸变、亮度调节、Gamma 调节、白平衡调节、色彩空间、景深、高动态范围（HDR）色调的调整等。

摄像头仿真还需要支持更改摄像头的外参和内参，例如摄像头的安装位置、角度、工作频率、分辨率、视场角、焦距和畸变参数等。这些参数会内部转换为投影矩阵，确保整个坐标系转换过程的正确性，以输出与真实摄像头效果一致的图像。

在摄像头仿真中,天气和光线条件的模拟也是至关重要的。为了提供更真实的测试场景,摄像头仿真需要模拟各种复杂的天气情况,包括时间、光照、太阳高度角、云、雨、雪、雾等各种自定义设置。这样可以支持各种天气和光线条件下的摄像头仿真,为智能驾驶系统的测试和验证提供更多场景选择。

为了保证与真实摄像头效果一致的仿真结果,摄像头仿真需要将每一帧的原始数据表示为 RGB 或 YUV 格式。如果需要将仿真结果实时传输给智能驾驶系统,通常会使用 H264 压缩成视频流,以减少传输带宽,实现高效的数据传输。

此外,摄像头仿真还需要提供障碍物的真值信息,包括位置、朝向、包围盒、速度和类型等。这些信息对于智能驾驶系统的感知和规划模块是至关重要的。除了用于对象检测,摄像头仿真的结果还可以用来训练其他计算机视觉算法,包括目标跟踪和语义分割等。

在进行摄像头仿真时,精细的场景建模和合理的物理材质设置对于产生逼真的仿真结果至关重要。同时,仿真的准确性也要受到硬件设备和仿真算法的支持。在实际应用中,智能驾驶 HIL 仿真测试系统通常与高性能的计算设备和优化的仿真算法相结合,以实现高效、准确的仿真。

3. 毫米波雷达

毫米波雷达是智能驾驶系统中常用的传感器之一,用于感知车辆周围的环境,并检测障碍物的位置和速度,如图 2-11 所示。为了对毫米波雷达进行测试和验证,毫米波雷达仿真成为一种重要的手段。在毫米波雷达仿真过程中,主要考虑的是模拟雷达发射和接收信号,以及计算障碍物的回波信号。在不同的仿真级别下,使用不同的方法和技术来实现毫米波雷达的仿真。

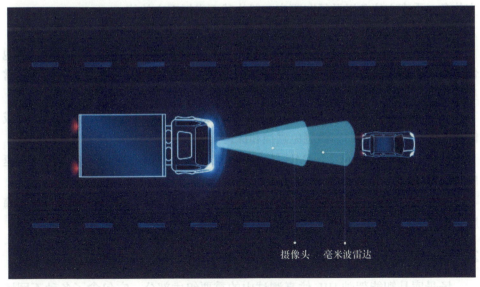

图 2-11 毫米波雷达

在目标级仿真中，首先根据配置的视场角和分辨率信息，模拟雷达向不同方向发射一系列虚拟连续调频毫米波，并接收目标的反射信号。不同车辆的雷达回波强度可以使用微表面模型能量辐射计算方式，通过车辆模型以及车辆的朝向、材质等信息进行计算。同一个障碍物可能会被多个调频连续波探测到。对于目标级仿真，可以根据障碍物的径向距离、距离分辨率和角度分辨率等信息对同一个障碍物的点进行聚类，并返回最终的仿真结果。

在物理级仿真中，需要借助高精密硬件模拟器的支持。硬件模拟器会通过接收探头检测雷达的发射探测波，并经过物理处理，再加上仿真模型将障碍物信息叠加到接收到的回波中。由于雷达发射接收的速度非常快，因此需要高精密的硬件支持来实现实时仿真。

信号级仿真是一种更高级别的仿真方法，它使用软件来模拟真实雷达回波信号，跳过毫米波雷达的信号收发模块，直接注入 FPGA/DSP 信号处理模块或 PC 信号处理程序。在信号级仿真中，一般的仿真步骤包括调制发射信号的天线主旁瓣方向图，选定目标雷达散射截面模型，计算目标的多普勒频移和时移生成目标的回波信号，使用瑞利分布来模拟杂波，并添加高斯白噪声。如果有多个目标，还需要计算多个波形之间的相互干涉，生成最终的雷达信号。

在进行毫米波雷达仿真时，需要考虑多个参数的设置。例如，可以支持更改毫米波雷达的安装位置、角度、探测距离、探测角度、角度和距离分辨率、噪声参数等。对于一些兼有长距和中距探测功能的毫米波雷达，仿真时需要同时支持两者的参数设置。毫米波雷达默认安装在车辆前端，返回的仿真结果一般位于毫米波雷达坐标系。返回的目标级障碍物检测结果为相对距离和相对速度，而水平方位角、垂直方位角以及径向距离一般为球面坐标系中的值。

4. 其他传感器

除了激光雷达、摄像头以及毫米波雷达之外，智能驾驶系统还使用多种其他传感器来感知车辆周围的环境，从而实现全面的感知和决策。以下是一些其他常见的传感器：

超声波传感器：超声波传感器常用于近距离障碍物检测，例如在低速行驶或倒车时。它们可以帮助车辆避免碰撞和保持安全距离。

惯性测量单元（IMU）：IMU 结合加速度计和陀螺仪，用于测量车辆的加速度和角速度，从而估计车辆的姿态和运动状态。

GPS 接收器：GPS 接收器用于定位车辆的全球位置，提供车辆的经度、纬度和高度信息。GPS 信息对于智能驾驶的定位和导航至关重要。

2.5.3 场景库构建方法

场景库是智能驾驶 HIL 仿真测试中的重要组成部分，它包含了各种不同场景的虚拟环境，用于测试和验证智能驾驶系统在不同情境下的性能和安全性。构建场景库的方法涉及多个步骤和技术，以下是一些常见的场景库构建方法：

1. 确定单个虚拟场景的数据存储方式与标准

在场景库构建之前，需要确定单个虚拟场景的数据存储方式和标准。这包括选择合适的文件格式和数据结构，以确保场景数据可以高效地存储和读取。目前国际通用数据格式包括 OpenSCENARIO 等，而数据标准可以是行业标准或自定义标准，以确保数据的一致性和互操作性。

2. 构建单个智能驾驶测试虚拟场景

单个虚拟场景的构建是场景库构建的基本单元。这包括静态场景构建和动态场景构建两个主要方面。

静态场景构建：在静态场景中，主要包括道路、建筑物、交通标志、信号灯、行人等静态环境元素的建模和放置。使用 3D 建模软件或地图编辑器，将现实世界中收集的数据转换成虚拟环境中的三维模型，并设置其属性和位置。

动态场景构建：在动态场景中，需要添加车辆和行人等运动物体。车辆可以根据真实车型进行建模，并模拟真实的运动行为。行人也可以根据现实世界中的行人数据进行建模，并添加随机的行走路径和行为。

场景合并：将静态和动态场景整合为虚拟场景需要进行数据格式的定义和整合。这涉及将静态场景的数据和动态场景的数据进行合并，并根据之前确定的数据存储标准进行数据格式化。场景的关键信息包括场景的名称、描述、位置、天气条件、交通情况等。

3. 智能驾驶虚拟场景库构建

一旦单个虚拟场景构建完成，就可以将多个场景整合成一个智能驾驶虚拟场景库。场景库的构建是一个持续不断的过程，随着收集到更多的数据和不断添加新的场景，场景库会不断扩展和更新。场景库中的场景应该按照一定的分类和组织方式进行管理，以便开发人员可以方便地查找和选择适合的场景进行测试和验证。Apollo 场景库案例如图 2-12 所示。

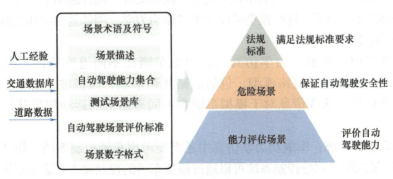

图 2-12　Apollo 场景库案例

2.5.4 车辆动力学仿真

车辆动力学仿真是一种基于计算机模型的虚拟实验技术,通过模拟车辆在不同道路条件下的运动行为和动力性能,以预测和优化车辆性能。这种仿真方法利用数学和物理模型,结合实际车辆参数和驾驶行为,可以模拟车辆在加速、制动、转弯和通过不同路面等情况下的运动响应。

在车辆动力学仿真中,首先需要建立一个车辆模型,该模型通常包括车辆的质量、惯性、悬挂系统、车轮和驱动系统等要素。通过对这些要素进行建模,可以精确地描述车辆在现实世界中的运动行为。

接下来,仿真程序会采集各种参数,例如车速、转向角度、加速踏板位置等,这些参数可以通过传感器或者人工设定来模拟真实驾驶过程。仿真程序将根据车辆模型和输入的参数计算车辆在每个时间步长上的状态,例如位置、速度和加速度等。

车辆动力学仿真还考虑了路面条件,例如干燥、湿滑、不平整等,这些条件会影响车辆的抓地力和牵引性能。仿真程序通常使用实际测量得到的路面数据或者特定的路面模型,以更准确地模拟车辆在不同路况下的动力学性能。

通过不同的输入参数和路面条件,车辆动力学仿真可以模拟多种驾驶情况,包括加速、制动、紧急避让、转弯、超车等。这些仿真结果可以提供有关车辆性能的重要信息,例如加速性能、制动距离、稳定性等。

车辆动力学仿真的主要目标是模拟车辆在不同道路和操作条件下的运动行为,以评估车辆的稳定性、操控性、驾驶舒适性和安全性。通过仿真,可以预测车辆的动态响应、制动距离、转弯半径、加速性能等关键指标,帮助工程师进行设计和优化,提高车辆性能和驾驶体验。

车辆动力学仿真通常涉及以下几个方面:

车辆运动建模:车辆运动建模是车辆动力学仿真的基础。它涉及建立车辆的运动方程和动力学模型,包括车辆的质量、惯性矩阵、刚体运动学方程、车轮与地面之间的接触力等。这些模型可以采用多体动力学、刚体运动学和控制理论等方法进行建模。

道路模型:车辆动力学仿真需要考虑车辆在不同道路条件下的运动特性。因此,需要构建道路模型,包括道路几何形状、纵横坡、曲率半径、摩擦系数等信息。这些信息对于模拟车辆在不同道路上的运动和驾驶行为非常重要。

车辆控制系统:车辆动力学仿真中还需要考虑车辆控制系统,如转向、制动、加速等控制。这些控制系统可以通过模拟车辆的控制输入来影响车辆的运动和驾驶行为。

车辆悬架系统：车辆动力学仿真还需要考虑车辆悬架系统，因为悬架系统会直接影响车辆在不同道路上的运动特性和操控性能。通过仿真悬架系统的运动，可以评估车辆的悬架性能和驾驶舒适性。

评估整车性能：车辆动力学仿真可以用于评估整车性能，如车辆的加速性能、制动性能、操控性能等。通过仿真，可以优化车辆设计和控制策略，以满足不同应用场景和用户需求。

2.5.5 动态场景的构建

动态场景主要指仿真中具备动态特性的管控、车流等部分，是仿真测试场景的关键构件，主要包括交通管理控制仿真、机动车仿真、行人与非机动车仿真等。

交通管理控制仿真：这种仿真场景模拟了不同类型的交通管理控制系统在现实道路网络中的运行情况。交通管理控制系统可以包括信号灯控制、路口信号灯配时、智能交通信号控制系统等。通过模拟这些控制系统，可以评估交通流量的优化和交通拥堵情况，从而改善城市交通效率。

机动车仿真：这种仿真场景关注汽车的动态行为，例如加速、制动、转弯和变道等。它涉及车辆的动力学性能、悬架系统、车轮特性等。通过机动车仿真，可以评估车辆的加速性能、制动距离、稳定性等，以及不同驾驶条件下的行为变化。

行人与非机动车仿真：这种仿真场景模拟行人和自行车等非机动车辆在道路上的行为。考虑到这些参与交通的个体的行为特征，可以更好地评估交通安全性和行人保护方面的问题。例如，通过模拟行人横穿马路的行为，可以评估车辆对行人的识别和响应能力。

当前的动态仿真场景构建方法主要可以归纳为以下三种：

基于真实交通案例数据构建：这种方法是通过各类传感器采集现实世界中的动态交通信息，如车辆运动轨迹、行人活动数据等，并经过预处理和清洗后，将这些真实数据置入仿真场景中。这样可以使得仿真场景更加真实，反映现实交通情况。

基于真实案例数据的泛化构建：这种方法是在已有的真实案例数据基础上，合理地更改某些数据特征，如车辆速度、行驶路线等，以生成新的案例。这样做的目的是扩展仿真场景的多样性，使得仿真可以涵盖更多情况，而不仅限于真实数据所覆盖的范围。

基于微观交通仿真系统构建：这种方法是使用专门的微观交通仿真系统，如SUMO（Simulation of Urban MObility）、Vissim等，来生成车辆、行人、管控等动态元素，构建仿真动态场景。在这个过程中，也可能会使用真实数据，例如使用真实案例数据来训练仿真模型，或者将真实的交通信号配时和交通流量作为仿真条件，以提高仿真的准确性和逼真度。

2.5.6 常见解决方案

1. CarSim

CarSim 是一款由 Mechanical Simulation Corporation（MSC）开发的领先虚拟车辆动力学仿真软件，如图 2-13 所示。它通过精确的数学模型和仿真技术，模拟车辆在不同驾驶场景下的动力学行为，涵盖加速、制动、转弯、悬架系统响应等多个方面。CarSim 可应用于各种车型和驾驶条件，帮助汽车工程师优化车辆性能、改进设计、开发车辆控制系统，并减少实际道路测试的需求，节约时间和成本。其灵活的车辆参数配置和丰富的数据可视化功能使工程师能够深入分析仿真结果，为汽车行业的创新和发展提供强有力的支持。

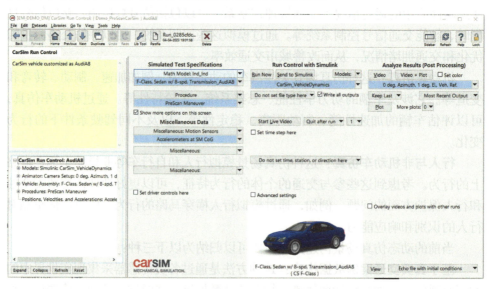

图 2-13 CarSim 运行界面

2. VTD

VTD（Virtual Test Drive）是一款由 IPG Automotive 开发的先进虚拟测试平台，如图 2-14 所示。它为汽车和智能驾驶系统的开发和验证提供了强大的仿真环境。VTD 使用高度精确的车辆动力学模型和先进的传感器仿真技术，能够在虚拟现实中模拟各种复杂的驾驶场景和道路条件，如城市道路、高速公路、恶劣天气等。这使得汽车制造商和智能驾驶技术开发团队能够进行大规模的测试和验证，评估车辆性能、安全性以及驾驶系统的反应能力。VTD 还允许用户进行自定义配置，包括车辆参数、环境设置和交通模式，从而提供高度可定制化的仿真解决方案。通过使用 VTD，汽车行业能够更高效地进行创新，加速智能驾驶技术的发展，并将产品推向市场，同时降低实际道路测试的成本和风险。

图 2-14　VTD 场景

3. PanoSim

PanoSim 是一款集复杂车辆动力学模型、汽车三维行驶环境模型、汽车行驶交通模型、车载环境传感模型（摄像头和雷达）、无线通信模型、GPS 和数字地图模型、MATLAB/Simulink 仿真环境自动生成、图形与动画后处理工具等于一体的模拟仿真软件平台，如图 2-15 所示。它基于物理建模和精确与高效兼顾的数值仿真原则，逼真地模拟汽车驾驶的各种环境和工况，基于几何模型与物理建模相结合理念建立了高精度的摄像头、雷达和无线通信模型，以支持数字仿真环境下汽车动力学与性能、汽车电子控制系统、智能辅助驾驶与主动安全系统、环境传感与感知、智能驾驶等技术和产品的研发、测试和验证。PanoSim 不仅包括复杂的车辆动力学模型、底盘（制动、转向和悬架）、轮胎、驾驶员、动力总成（发动机和变速器）等模型，还支持各种典型驱动形式和悬架形式的大、中、小型轿车的建模以及仿真分析。它提供了三维数字虚拟试验场景建模与编辑功能，支持对道路及道路纹理、车道线、交通标识与设施、天气、夜景等汽车行驶环境的建模与编辑。

图 2-15　PanoSim 仿真软件平台

2.6 智能驾驶 HIL 仿真测试实时交互模块

智能驾驶 HIL 仿真测试实时交互模块是基于硬件在环（HIL）仿真技术的关键组成部分，用于汽车智能驾驶系统的测试和验证。该模块的主要目标是实现智能驾驶控制算法与实际车辆硬件之间的实时交互，以确保系统在各种真实驾驶场景下的可靠性、安全性和性能。

实时交互模块的工作原理是将真实的车辆控制器与仿真环境中的虚拟车辆模型相连接。虚拟车辆模型是一个高度精细化的计算机模拟程序，能够准确地模拟车辆的动力学、传感器和执行器行为。通过这种连接，智能驾驶控制算法可以在仿真环境中运行，并且通过实时交互模块将指令传递给仿真车辆模型，反之亦然。

实时交互模块的主要功能如下：

1）实时交互模块实现控制器与仿真车辆之间的通信传输。这通常涉及多种通信协议，如 CAN（Controller Area Network）、LIN（Local Interconnect Network）、FlexRay 等。通过这些接口，智能驾驶系统可以向仿真车辆发送控制指令，并获取车辆传感器（如毫米波雷达、摄像头、激光雷达等）采集的数据。

2）实时交互模块需要处理实时数据流。由于智能驾驶控制算法需要在毫秒级的时间尺度内做出决策，因此实时性是非常关键的。该模块需要高效地采集来自仿真传感器的数据，并将其传递给虚拟车辆模型进行处理。同时，它还需要将虚拟车辆模型计算得出的控制指令实时传递给车辆硬件，确保算法的快速响应性和准确性。

3）实时交互模块还要负责监控和记录测试过程中的数据。这对于后续的分析和验证非常重要。模块需要实时记录来自车辆传感器的数据、虚拟车辆模型的状态以及发送给车辆硬件的控制指令。这些数据将用于评估智能驾驶系统在各种复杂交通场景下的性能，验证控制算法的有效性，并对系统进行优化改进。

4）智能驾驶 HIL 仿真测试实时交互模块应该具备高度的灵活性和可配置性。由于不同的智能驾驶系统可能具有不同的硬件配置和控制算法，该模块需要能够适配不同的车型和算法。此外，由于智能驾驶技术处于不断发展和演进中，该模块还需要具备可扩展性，以便在未来能够支持新的硬件和算法。

为了保证车辆模型计算的实时性，实时交互模块需要配置实时操作系统，其最大的特点就是当有任务需要执行时能够迅速地执行而不会有延时。同时，高性能的硬件及对应的控制软件也是保证实时性的必要条件，硬件方面，车辆动力学模型、车辆状态反馈等需要较强的计算能力和多核处理能力；软件方面，美国国家仪器有限公司（National Instruments，NI）提供了一套完整的测试机控制工具链。实时交互模块的基础软硬件配置见表 2-1。

第 2 章 智能驾驶 HIL 仿真测试技术概述

表 2-1 实时交互模块基础软硬件配置

	开发环境	NI LabVIEW Real-Time
软件	测试控制软件	NI VeriStand
	操作系统	NI Real-Time Phar Lap ETS 13.1
硬件	CPU	Intel（R）Xeon（R）CPU E5-2640 v3 @ 2.60GHz
	内存	32GB

为了满足高性能和实时响应的要求，我们的软件构建在 NI 的技术生态之上，采用 NI LabVIEW Real-Time 作为开发环境，借助 NI VeriStand 进行实时测试和控制，同时，整个系统运行于 NI Real-Time Phar Lap ETS 13.1 操作系统之上。NI VeriStand 是一款专为实时测试应用设计的软件，它支持激励生成、数据采集以及计算通道和自定义通道换算等功能。通过 NI VeriStand，我们能够为 NI 的实时硬件配置输入/输出（I/O）通道、实现数据记录、激励生成和与主机的通信。在本书中，我们使用 NI VeriStand 定义了车辆动力学模型的输入输出接口，并配置了算法与车辆模型间的 I/O 通道，以确保模型的精确实现和高效运行。

2.6.1 I/O 接口设置

HIL 测试相较于 SIL 测试最大的区别在于 HIL 的控制器是真实的 ECU，对应的，算法的控制信号也是来自真实的控制器，这其中就需要匹配算法的 I/O 接口与动力学模型的输入输出端口。在本书中，动力学模型使用 PanoSim 中集成的车辆动力学模型，该模型基于 MATLAB/Simulink，故配置算法的 I/O 接口只需使用 Simulink 中的 NI VeriStand In/Out 模块即可，模块如图 2-16 所示。算法与仿真模型之间的数据交互如图 2-17 所示。

图 2-16 NI VeriStand In/Out 模块

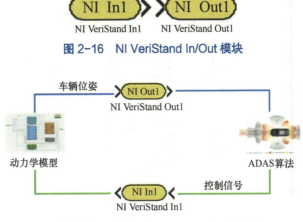

图 2-17 NI VeriStand I/O 配置

具体的配置步骤为：

1）根据算法的要求确定算法需要的输入以及算法对应的控制输出。

2）在动力学模型中添加 NI VeriStand In 和 NI VeriStand Out 模块并为各模块添加易于分辨的名称。

需要注意的是，Simulink 动力学模型的输出是算法的输入，而算法的输出则是模型的输入，动力学模型将车辆位姿等信息通过 NI VeriStand Out 模块输出给算法，算法将控制量等信息通过 NI VeriStand In 模块输入给模型。

在 Simulink 中使用 NI VeriStand Out 模块配置车辆位姿等信息的通信如图 2-18 所示，NI VeriStand Out 模块将动力学模型中车辆位姿的部分数据传递给算法。

在 Simulink 中使用 NI VeriStand In 模块配置控制量等信息的通信如图 2-19 所示，NI VeriStand In 模块将算法计算得出的控制量，包括加速、制动、转向等数据，传递给动力学模型。

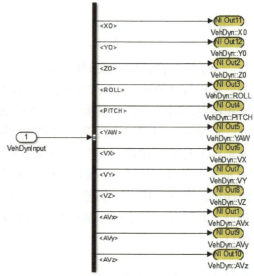

图 2-18　NI VeriStand Out 模块配置算法输入

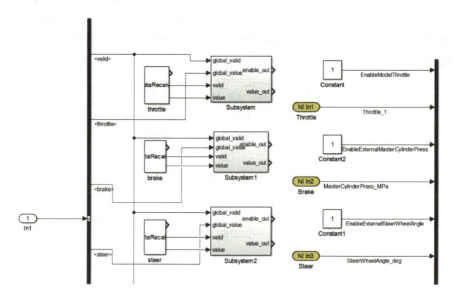

图 2-19　NI VeriStand In 模块配置算法输出

2.6.2 接口映射配置

在动力学模型中添加对应的算法 I/O 端口后，运行 PanoSim 试验，软件会自动编译生成对应的 .so 文件，基于该文件，使用 VeriStand 的 System Explorer 工具可以配置车辆模型与算法之间的接口映射关系。该工具的主界面如图 2-20 所示。

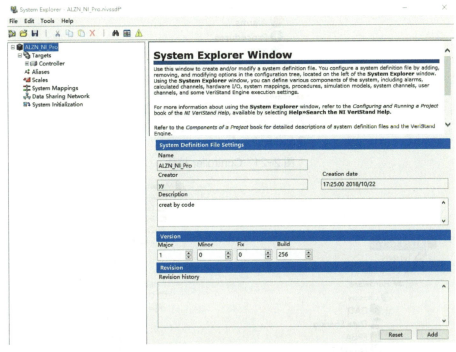

图 2-20　NI VeriStand System Explorer 工具的主界面

在左侧设备树中单击 Controller 左侧的加号键展开设备，如图 2-21 所示，Controller 控件主要包括 Hardware、Simulation Models 以及 XNET Databases。

XNET Databases 为 CAN 通信协议数据库，在其中可以添加和选择试验需要的 CAN 通信协议。

Hardware 为硬件设备，对应车辆模型的接口，如图 2-22 所示。

Simulation Models 为软件设备，对应算法接口，如图 2-23 所示。

配置接口映射的具体步骤为：

1）在 XNET Databases 中添加试验所需的 CAN 通信协议，并配置 CAN 设备的通信协议。

2）在 Hardware 的 CAN 设备中添加 Incoming 和 Outgoing 信号。

3）单击上方工具栏中的 Configure Mappings 工具配置接口映射，工具如图 2-24 所示。

图 2-21 Controller 控件

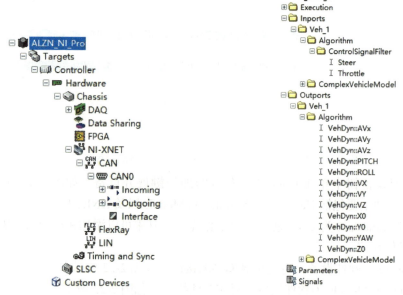

图 2-22 Hardware 设备输入输出端口   图 2-23 Simulation Models 设备输入输出端口

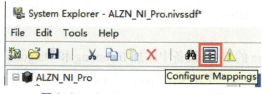

图 2-24 Configure Mappings 工具

4）打开 Configure Mappings 工具，展开 Sources 和 Destinations 下的信号，Simulink 模型的 Outports 对应 CAN 设备的 Outgoing，CAN 设备的 Incoming 对应 Simulink 的 Inports，选中两个对应信号后，单击下方的 Connect 即可完成映射，如图 2-25 所示。

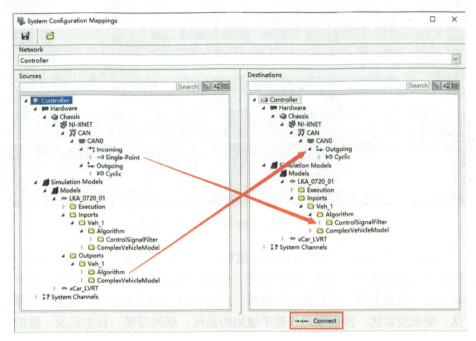

图 2-25 Configure Mappings 配置映射

2.7 智能驾驶 HIL 仿真测试算法模块

智能驾驶 HIL 仿真测试算法模块是智能驾驶系统开发中的重要组成部分，用于测试和验证智能驾驶控制算法在真实车辆硬件上的性能和可靠性。该模块的主要目标是在仿真环境中运行智能驾驶算法，并通过与真实车辆硬件的实时交互，确保算法在各种复杂驾驶场景下的正确性、安全性和高效性。

2.7.1 Autoware 算法平台

Autoware 是一个基于机器人操作系统（ROS）的自动驾驶汽车开源软件栈。它包括了自动驾驶汽车从定位和目标检测到路线规划和控制的所有必要功能，创建目的是让尽可能多的个人和组织为自动驾驶技术的开放式创新作出贡献，其系统架构如图 2-26 所示。

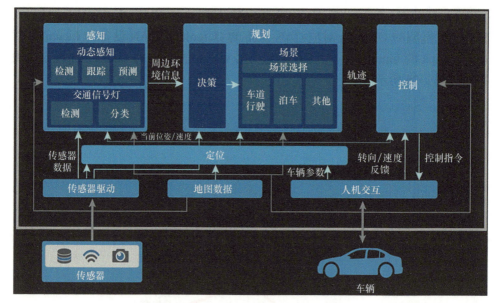

图 2-26 Autoware 算法平台系统架构

Autoware 提供了一套丰富的自动驾驶模块，包括感知、计算和执行能力。这些能力的概述如下：定位、地图制作、目标检测与跟踪、交通灯识别、任务与运动规划、轨迹生成、车道检测与选择、车辆控制、传感器融合、摄像头、激光雷达、毫米波雷达、深度学习、基于规则的系统、联网导航、日志记录、虚拟现实等。

Autoware.ai 由 Autoware Foundation 开发和维护，该组织是一个非营利性机构，致力于通过协作和开源贡献推进智能驾驶技术的发展。下面将具体介绍基于 x86 架构、Ubuntu 18.04 的工控机上配置 Autoware.ai 1.14 的过程，相关库的版本要求见表 2-2。

表 2-2 Autoware.ai 环境需求

Linux 系统版本	Ubuntu 18.04
图像处理开源库	OpenCV 3.2.0（可选 3.x.x 版本）
图像处理拓展库	OpenCV-Contrib 3.2.0（与 OpenCV 版本对应）
线性代数库	Eigen 3.3.7（不低于此版本）
ROS（机器人操作系统）	ROS-Melodic
GPU 加速库	CUDA 10.0（最好不高于此版本）
代码编译工具	GCC 4.8.0

Autoware.ai 1.14 算法平台部署方法如下：

1. 前期准备

首先，在 Ubuntu 18.04 系统中安装（版本选择 Melodic）、开源图像处理库 OpenCV 及其扩展库（版本选择 3.2.0）、线性代数库 Eigen（版本选择 3.3.7）。

其次，在命令终端执行以下指令，安装 Autoware.ai 依赖项。

```
sudo apt update
sudo apt install -y python-catkin-pkg python-rosdep ros-$ROS_DISTRO-catkin
sudo apt install -y python3-pip python3-colcon-common-extensions python3-setuptools python3-vcstool
pip3 install -U setuptools
```

2. 创建工作空间

在命令终端执行以下指令，创建 Autoware.ai 工作目录并定位到工作目录。

```
mkdir -p autoware.ai/src
cd autoware.ai
```

3. 下载 Autoware.ai 的工作空间配置

在命令终端执行以下指令，下载 Autoware.ai 工作空间配置。

```
wget -O autoware.ai.repos "https://raw.githubusercontent.com/Autoware-AI/autoware.ai/1.14.0/autoware.ai.repos"
```

4. 下载 Autoware.ai 源码到工作区

在命令终端执行以下指令，下载 Autoware.ai 源代码。

```
vcs import src < autoware.ai.repos
```

5. 使用 rosdep 安装依赖项

在命令终端执行以下指令，使用 rosdep 安装所需的依赖项。

```
rosdep update
rosdep install -y --from-paths src --ignore-src --rosdistro $ROS_DISTRO
```

6. 编译工作区

在命令终端执行以下指令，编译 Autoware.ai 源码。

若已经配置好了 CUDA，使用以下指令编译：

```
AUTOWARE_COMPILE_WITH_CUDA=1 colcon build --cmake-args -DCMAKE_BUILD_TYPE=Release
```

若没有 CUDA 支持，只使用 CPU，则使用以下指令编译：

```
colcon build --cmake-args -DCMAKE_BUILD_TYPE=Release
```

编译完成后，即完成了 Autoware.ai 的安装，如图 2-27 所示。

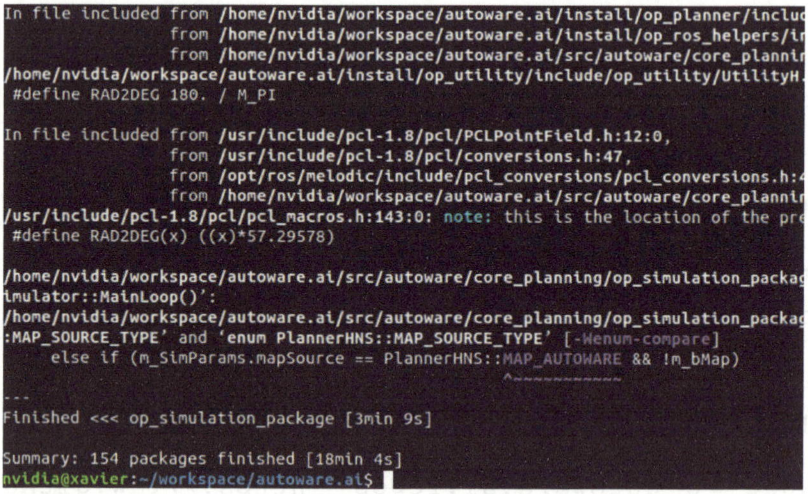

图 2-27　Autoware.ai 部署成功界面

2.7.2　Apollo 算法平台

Apollo 算法平台是百度向全球开发者提供的一个开放、完备且安全的自动驾驶开源生态系统。它集成了多种关键组件，如云服务平台（涵盖高精地图、仿真、量产服务等）、开源软件平台（包括地图引擎、高精度定位、感知、预测、规划、控制、人机接口、Apollo Cyber RT 及 V2X 适配器等）和开源硬件平台（涉及车载计算单元、GPS/IMU、摄像头、激光雷达、毫米波雷达、超声波传感器等）。此外，还有车辆认证平台，包括线控车辆与开放车辆接口标准。这些组成部分共同构筑了一个完整的架构，使开发者能够在此基础上进行算法研发和仿真验证，其一般架构如图 2-28 所示。

Apollo 算法平台部署方法如下：

1. 前期准备

在部署 Apollo 平台之前，需要确保已经正确安装了 Ubuntu 操作系统、显卡驱动、Docker 以及容器工具包。

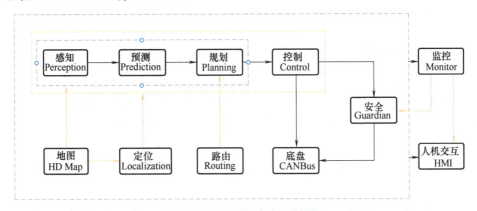

图 2-28　Apollo 软件一般架构

2. 下载 Apollo 源代码

在命令终端执行以下指令，下载 Apollo 源文件。

```
# 使用 SSH 的方式
git clone git@github.com:ApolloAuto/apollo.git
# 使用 HTTPS 的方式
git clone https://github.com/ApolloAuto/apollo.git
```

3. 启动开发容器

在命令终端执行以下指令，启动 Apollo 的 Docker 开发容器，此指令会下载 Apollo 需要的镜像，如果成功，命令终端将显示如图 2-29 中的信息。

```
cd apollo
bash docker/scripts/dev_start.sh
```

```
[ OK ] Congratulations! You have successfully finished setting up Apollo Dev Environment.
[ OK ] To login into the newly created apollo_dev_michael container, please run the following command:
[ OK ]     bash docker/scripts/dev_into.sh
[ OK ] Enjoy!
```

图 2-29　启动 Apollo 开发容器

4. 进入 Apollo 的 Docker 容器

在命令终端执行以下指令，进入 Apollo 的 Docker 容器。

```
bash docker/scripts/dev_into.sh
```

5. 在容器内构建 Apollo

在命令终端执行以下指令，编译构建整个 Apollo 工程，此步骤耗时较长。

```
./apollo.sh build
```

6. 验证安装

编译构建完成后，即可在命令终端中执行以下指令启动 Apollo 前端可视化界面 DreamView，在浏览器中访问 http://localhost:8888/ 即可进入，如图 2-30 所示。

```
./scripts/bootstrap.sh start
```

图 2-30　百度 Apollo DreamView 界面

Chapter 03

第 3 章
智能驾驶 HIL 测试环境仿真

3.1 概述

智能驾驶 HIL（硬件在环）仿真系统建模通过结合实际硬件与虚拟仿真环境，用于验证和测试智能驾驶系统的性能、安全性以及稳定性。这一系统的核心目标是以实时的方式将车辆传感器、执行器和控制单元等实际硬件与虚拟仿真环境相结合，从而模拟真实道路和交通情况，全面评估智能驾驶系统在各种情况下的表现。

智能驾驶技术的迅速发展为未来交通带来了巨大的变革，智能驾驶车辆有望提高交通效率、减少交通事故并改善出行体验。然而，将智能驾驶系统部署到实际道路之前，需要进行严格的测试和验证，以确保其安全可靠。由于在真实道路上测试会面临高风险和高成本，因此智能驾驶 HIL 仿真系统建模成为一个重要的解决方案。

在智能驾驶 HIL 仿真系统中，首先需要配置一台或多台计算机来搭建仿真平台。这些计算机需要具备强大的计算能力和实时性能，以确保传感器数据的实时捕获和控制指令的实时响应。同时，还需要选择适合的仿真软件，这些软件能够提供高度真实的道路环境和交通流量，以及支持自定义场景的能力。

接下来，需要准备车辆传感器和执行器等实际硬件组件。这些硬件组件通常是车辆上已经实际应用的设备，例如激光雷达、毫米波雷达、摄像头、电驱动系统、制动踏板、转向盘等。这些硬件组件在 HIL 仿真系统中以实际设备的形式存在,并通过接口与仿真环境相连接。

在智能驾驶 HIL 仿真系统中,硬件组件和虚拟仿真环境之间的连接和数据交换是至关重要的。这些连接通常通过实时数据总线来实现,允许数据在硬件和仿真环境之间的快速传递。例如,虚拟传感器数据可以通过总线传输到车辆控制单元,控制单元处理后的指令又可以通过总线传回仿真环境,从而实现实时交互。

此外,在智能驾驶 HIL 仿真系统中,控制算法和策略是至关重要的。控制算法是指实现智能驾驶功能的核心代码,这些算法通常在车载控制单元中运行。在仿真过程中,这些控制算法将根据传感器数据做出决策,并控制车辆的执行器,以模拟智能驾驶车辆在真实道路上的行为。

HIL 仿真系统的工作流程如下:

1. 定义仿真目标

明确智能驾驶 HIL 场景仿真的目标。确定要测试的智能驾驶算法、硬件系统、传感器等的性能和稳定性。

2. 选择仿真平台

选择适合智能驾驶 HIL 场景仿真的平台和软件。常见的智能驾驶仿真平台包括 CARLA、Apollo、LGSVL Simulator 等。

3. 准备车辆模型

选择合适的车辆模型并将其集成到仿真平台中。这包括车辆的动力学、控制器和传感器模型等。

4. 导入地图和场景

导入仿真所需的道路地图和场景。这可以是现实世界的地图数据,或者是通过建模软件创建的虚拟道路。

5. 添加车辆传感器

将车辆传感器(例如摄像头、激光雷达、超声波传感器等)添加到车辆模型中,以模拟车辆在真实道路上感知周围环境的能力。

6. 配置仿真环境

设置仿真环境的参数,包括天气条件、时间、交通流量等,以模拟不同的实际驾驶场景。

7. 定义场景和车辆行为

根据仿真目标,定义不同的测试场景和车辆行为。这可能包括模拟不同的交通情况、车辆行驶路径、紧急情况等。

8. 开发控制算法

根据仿真目标,开发或调整智能驾驶系统的控制算法,以实现预期的行为。

9. 运行仿真

运行智能驾驶 HIL 仿真，并观察车辆的行为和性能。收集仿真数据用于后续分析。

10. 分析和优化

根据仿真结果，对智能驾驶算法和系统进行分析和优化。发现问题并进行改进。

11. 迭代测试

根据分析结果，调整仿真场景和车辆行为，再次运行仿真，进行多次迭代测试。

12. 记录和报告

及时记录仿真结果并分析，撰写仿真报告，方便后续参考和分享。

3.2 定义仿真目标

定义仿真目标是场景仿真的关键步骤，它确立了仿真的目的和所要解决的问题，为仿真的设计和实现提供了指导和方向。下面进一步解释仿真目标应该具备的特点：

明确性：仿真目标应该非常明确，不应该含糊不清或模棱两可。它应该清晰地表达出仿真的目的和想要达到的结果。模糊的目标可能导致仿真的不准确性和无效性。

具体性：仿真目标应该具体描述所要测试、验证或探索的内容。它应该包含明确的任务、场景、系统组件等要素，使得仿真的目标和范围得以明确确定。

可测量性：仿真目标应该是可测量的，即可以通过一定的指标和标准来对仿真结果进行评估和验证。这样可以确保仿真的结果能被客观地衡量和分析。

可实现性：仿真目标应该是可实现的，即在给定的仿真平台和资源限制下可以实现。目标不应过于理想化或超出仿真平台的能力范围，以免导致仿真的不切实际性。

以下是定义仿真目标的步骤：

1. 明确仿真的目的

首先要明确仿真的主要目的。是测试智能驾驶算法的性能？是验证新的交通规划策略？是优化机器人路径规划算法？明确目的有助于确定仿真的重点和方向。

2. 确定仿真中的系统和组件

确定参与仿真的系统和组件，例如智能驾驶汽车、机器人、交通信号灯等。如果是复杂系统的仿真，可以将系统分解成子组件，便于针对性地测试和优化。

3. 设定仿真的环境和场景

确定仿真的环境和场景，例如城市街道、高速公路、工厂场地等。环境和场景的选择应与仿真目标相匹配，并确保它们能够提供所需的挑战和测试条件。

4. 明确性能指标和评估标准

确定衡量仿真结果的性能指标和评估标准。例如，对于智能驾驶汽车仿真，可以考虑评估行驶的平均速度、安全性、碰撞率等指标。

5. 规定仿真的时间范围

确定仿真的时间范围，即仿真运行的持续时间。这有助于控制仿真的规模和复杂性。

6. 定义场景和测试用例

根据仿真目标，定义不同的场景和测试用例。这些测试用例可以是不同的交通情况、道路类型、机器人任务等，用于模拟各种现实世界的情况。

7. 设定仿真参数

根据仿真目标和测试用例，设定仿真的参数，例如车辆初始位置、速度、交通流量、障碍物分布等。这些参数将影响仿真的结果。

举例来说，如果一个智能驾驶 HIL 场景仿真的目标是评估智能驾驶车辆在城市环境中的交通流效率，一个明确、具体、可测量和可实现的仿真目标可以是："通过模拟车辆在拥堵的城市交通环境中行驶，评估智能驾驶系统的平均行驶速度、行驶距离以及交通拥堵时的车辆稳定性和安全性。"

这样的目标明确指出了仿真要测试的内容（智能驾驶系统在拥堵城市交通中的表现）、所要模拟的场景（拥堵的城市交通环境），以及要衡量的性能指标（平均行驶速度、行驶距离、稳定性和安全性）。这样的目标将为仿真的设计、实现和结果分析提供明确的方向和依据。

3.3 选择仿真平台

3.3.1 典型智能驾驶仿真软件分类与发展变化情况

随着 ADAS 和智能驾驶技术的发展，仿真软件也经历了几个发展阶段。早期的仿真软件主要关注点在车辆本身，主要是动力学仿真为主，用来在车辆开发的过程中对整车的动力、稳定性、制动等进行仿真，如 CarSim。伴随着各种 ADAS 功能的开发，能提供简单道路环境、可编辑的对手车、行人和简单完美传感器模型的辅助 ADAS 开发的仿真软件开始出现，比如 PreScan。这时候的仿真软件一般都运行在单机，主要关注功能的验证，并不对场景和传感器的真实程度有太高的要求。随着以 Waymo 为代表的目标为 L4 级别智能驾驶的初创公司的成立并取得突破性进展,尤其是 Waymo 自主开发的 Carcraft 仿真环境在补充实际道路测试方面所起的重要作用日益显著,越来越多的仿真平台使用高精度地图、真实数据回放乃至使用游戏引擎构建高度逼真虚拟环境。这些平台包括初创公司的商业产品和大型智能驾驶企业的内部平台。传统从事动力学仿真和 ADAS 仿真测试的公司也通过合作、收购或自主研发,建立更适应智能驾驶需求的仿真系统,以处理大量真实场景和大规模并行测试。现在智能驾驶仿真系统的构成已经很复杂,各个仿真软件都有各自的优势和研发的重点,搭建一个完整的仿真系统也越来越需要多软件协同工作。典型的智能驾驶仿真平台通常包括以下功能模块:

1)根据真实路网或高精地图搭建或生成大规模虚拟场景的道路环境模块。

2)根据实际路测数据,或者是参数化交通模型生成测试场景的交通模块。

3)仿真各种传感器,包括摄像头、激光雷达、毫米波雷达、GPS、超声波传感器、IMU 的模块,既可以提供原始数据,也可以提供真值。

4)车辆动力学模型,可以根据 ADAS 或者智能驾驶系统的输入,结合路面特性对车辆本身进行仿真,完成闭环测试。

5)分布式案例存储和运行平台,可以通过添加硬件的方式大幅提高智能驾驶测试的里程数。

3.3.2 典型智能驾驶仿真软件介绍

1. CarSim

CarSim,还有相关的 TruckSim 和 BikeSim 是 Mechanical Simulation 公司开发的强大的动力学仿真软件,被世界各国的主机厂和供应商广泛使用,如图 3-1 所示。CarSim 针对四轮汽车、轻型货车,TruckSim 针对多轴和双轮胎的货车,BikeSim 针对两轮摩托车。CarSim 是一款整车动力学仿真软件,主要从整车角度进行仿真,它内建了相当数量的车辆数学模型,并且这些模型都有丰富的经验参数,用户可以快速使用,免去了繁杂的建模和调参的过程。CarSim 模型在计算机上运行的速度可以比实时快 10 倍,可以仿真车辆对驾驶员、3D 路面及空气动力学输入的响应,模拟结果高度逼近真实车辆,主要用来预测和仿真整车的操纵稳定性、制动性、平顺性、动力性和经济性。CarSim 自带标准的 MATLAB/Simulink 接口,可以方便地与 MATLAB/Simulink 进行联合仿真,用于控制算法的开发,同时在仿真时可以产生大量数据结果用于后续使用 MATLAB 或者 Excel 进行分析或可视化。CarSim 同时提供了 RT 版本,可以支持主流的 HIL 测试系统,如 dSPACE 和 NI 的系统,方便进行联合仿真。

CarSim 也支持 ADAS 相关功能的开发,可以构建参数化的道路模型,以及 200 个以上的运动的交通物体,使用脚本或者通过 Simulink 外部控制它们的运动,同时添加 90 多个传感器,对运动和静止的物体进行检测。CarSim 在 ADAS

和智能驾驶开发方面也进行了加强，添加了更多的 3D 资源，如交通标识牌、行人等，以及高精地图的导入流程。同时 CarSim 也提供了一个 Unreal 引擎插件，可以和 Unreal 引擎进行联合仿真。

图 3-1　CarSim

2. PreScan

PreScan 是由 TASS International 研发的一款 ADAS 测试仿真软件，2017 年 8 月被西门子收购。PreScan 是一个模拟平台，由基于 GUI 的、用于定义场景的预处理器和用于执行场景的运行环境构成，如图 3-2 所示。工程师用于创建和测试算法的主要界面包括 MATLAB 和 Simulink。PreScan 可用于从基于模型的控制器设计（MIL）到利用软件在环（SIL）和硬件在环（HIL）系统进行的实时测试等应用。PreScan 可在开环、闭环以及离线和在线模式下运行。它是一种开放型软件平台，其灵活的界面可连接至第三方的汽车动力学模型（例如 CarSim 和 dSPACE ASM）和第三方的 HIL 模拟器/硬件（例如 ETAS、dSPACE 和 Vector）。PreScan 由多个模块组成，使用起来主要分为四个步骤：场景搭建、添加传感器、添加控制系统、运行试验。

图 3-2　PreScan

场景搭建：PreScan 提供了一个功能强大的图形编辑器，用户可以借助包含交通标牌、树木及建筑物等元素的基础组件库以及包含机动车、自行车和行人等元素的交通参与者库来创建丰富的仿真场景。用户还可以调整天气条件（如雨、雪和雾）和光源（如太阳光、前照灯和路灯），以增强场景的真实感。PreScan 也支持导入 OpenDRIVE 格式的高精地图，进一步提升了场景的真实度。

添加传感器：PreScan 支持种类丰富的传感器，包括真值传感器、V2X 传感器、激光雷达、毫米波雷达、超声波传感器、单目和双目摄像头以及鱼眼摄像头等。用户可以根据自己的需要进行添加。

添加控制系统：可以通过 MATLAB/Simulink 建立控制模型，也可以和第三方动力学仿真模型（如 CarSim、VI-Grade、dSPACE ASM 的车辆动力学模型）进行闭环控制。

运行试验：3D 可视化查看器允许用户分析试验结果，同时可以提供图片和动画生成功能。此外，使用 ControlDesk 和 LabVIEW 的界面可以自动运行试验批次的场景以及运行硬件在环模拟。

3. PanoSim

PanoSim 是一款综合性的模拟仿真软件平台，如图 3-3 所示，它融合了复杂的车辆动力学模型、三维行驶环境模型、交通模型、车载环境传感模型（包括摄像头和雷达）、无线通信模型、GPS 和数字地图模型，以及 MATLAB/Simulink 的自动生成仿真环境和图形动画后处理工具。该平台采用基于物理的建模与精确高效的数值仿真技术，精确模拟汽车驾驶的各种环境和工况。通过结合几何模型与物理建模，PanoSim 建立了高精度的摄像头、雷达和无线通信模型，支持汽车动力学与性能、汽车电子控制系统、智能辅助驾驶与主动安全系统、环境传感与感知、智能驾驶等技术和产品的研发、测试与验证。

图 3-3 PanoSim

PanoSim 不仅包括复杂的车辆动力学模型、底盘(制动、转向和悬架)、轮胎、驾驶员、动力总成(发动机和变速器)等模型,还支持各种典型驱动形式和悬架形式的大、中、小型轿车的建模以及仿真分析。它提供了三维数字虚拟试验场景建模与编辑功能,支持对道路及道路纹理、车道线、交通标识与设施、天气、夜景等汽车行驶环境的建模与编辑。

4. CARLA

CARLA 是由西班牙巴塞罗那自治大学计算机视觉中心指导开发的开源模拟器,用于智能驾驶系统的开发、训练和验证,如图 3-4 所示。同 AirSim 一样,CARLA 也依托虚幻引擎进行开发,使用服务器和多客户端的架构。在场景方面,CARLA 提供了为智能驾驶创建场景的开源数字资源(包括城市布局、建筑以及车辆)以及几个由这些资源搭建的供智能驾驶测试训练的场景。同时,CARLA 也可以使用 VectorZero 的道路。

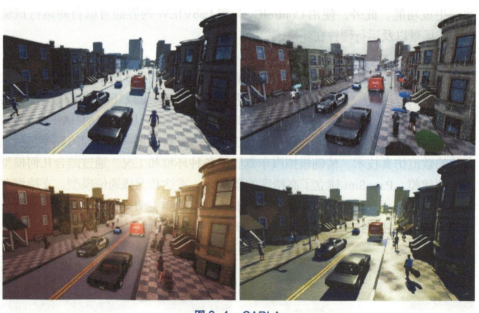

图 3-4　CARLA

搭建软件 RoadRunner 用于制作场景和配套的高精地图,也提供了简单的地图编辑器。CARLA 也可以支持传感器和环境的灵活配置,它支持多摄像头、激光雷达、GPS 等传感器,也可以调节环境的光照和天气。CARLA 提供了简单的车辆和行人的自动行为模拟,同时也提供了一整套的 Python 接口,可以对场景中的车辆和信号灯等进行控制,以便更好地与智能驾驶系统进行联合仿真,完成决策系统和端到端的强化学习。

5. VIRES VTD

VTD(Virtual Test Drive)是德国 VIRES 公司开发的一套用于 ADAS、主

动安全和智能驾驶的完整模块化仿真工具链，如图 3-5 所示。VIRES 于 2017 年被 MSC 软件集团收购。VTD 目前运行于 Linux 平台，它的功能覆盖了道路环境建模、交通场景建模、天气和环境模拟、简单和物理真实的传感器仿真、场景仿真管理以及高精度的实时画面渲染等。它支持从 SIL 到 HIL 和 VIL 的全周期开发流程，开放式的模块式框架可以方便地与第三方的工具和插件联合仿真。VIRES 也是广泛应用的智能驾驶仿真开放格式 OpenDRIVE、OpenCRG 和 OpenSCENARIO 的主要贡献者，VTD 的功能和存储也依托于这些开放格式。VTD 的仿真流程主要由路网搭建、动态场景配置、仿真运行三个步骤组成。

图 3-5　VTD

1）VTD 提供了图形化的交互式路网编辑器 Road Network Editor（ROD），在使用各种交通元素构建包含多类型车道复杂道路仿真环境的同时，可以同步生成 OpenDRIVE 高精地图。

2）在动态场景的建立上，VTD 提供了图形化的交互式场景编辑器 Scenario Editor，提供了在 OpenDRIVE 基础上添加用户自定义行为控制的交通体，或者是某区域连续运行的交通流。

3）无论是 SIL 还是 HIL，无论是实时还是非实时的仿真，无论是单机还是高性能计算的环境，VTD 都提供了相应的解决方案。VTD 运行时可模拟实时高质量的光影效果及路面反光、车身渲染、雨雪雾天气渲染、传感器成像渲染、前照灯光视觉效果等。

3.4 准备车辆模型

准备车辆模型是智能驾驶 HIL 测试仿真中的重要步骤，它涉及选择适合的车辆模型，并将其整合到仿真平台中。一般可直接采用仿真软件提供的默认车辆模型，如有其他需求，则可根据需求对车辆模型进行定制。以下是详细的步骤：

1. 选择车辆模型

根据仿真目标和测试需求，选择适合的车辆模型。车辆模型可以是特定品牌或型号的汽车，也可以是一种通用的车辆模型，例如一种轿车、货车或 SUV 模型。根据仿真场景和要测试的算法，选择能够代表实际车辆行为的合适模型。

2. 获取车辆参数

收集所选车辆模型的相关参数和特性。这包括车辆的动力学参数（例如质量、转向角、轮胎特性等）、传感器参数（例如摄像头分辨率、激光雷达范围等）、控制器参数等。这些参数将用于车辆模型的建立和仿真配置。

3. 建立车辆动力学模型

根据车辆参数和动力学特性，建立车辆的运动模型。这涉及车辆的加速、减速、转向和制动等行为的建模。根据车辆的动力学模型，仿真平台可以模拟车辆在不同场景下的运动。

4. 建立车辆控制器

为车辆模型开发或选择合适的控制器。车辆控制器是模拟车辆驾驶行为和决策的重要组成部分。它可以包括速度控制、转向控制、路径规划等功能，以实现智能驾驶或半智能驾驶。

5. 集成传感器模型

根据仿真平台支持的传感器类型，集成相应的传感器模型到车辆模型中，如图 3-6 所示。例如，如果仿真平台支持摄像头传感器和激光雷达传感器，需要将相应的摄像头和激光雷达模型与车辆模型关联起来，以模拟车辆在仿真环境中感知周围环境的能力。

图 3-6 传感器模型布局

6. 校准和验证

对车辆模型进行校准和验证，确保模型的准确性和合理性。校准可以基于实际车辆数据进行，以确保模型与真实车辆的行为一致。

3.5 导入地图和场景

首先，根据仿真的需求和目标，选择合适的地图数据。这可以是现实世界的地图数据，也可以是通过建模软件创建的虚拟地图。不同的测试目的需要不同类型的地图来实现仿真的目标。以下是一些常见的测试目的和相应的地图选择。

3.5.1 城市道路行驶测试

1. 测试目的

城市道路行驶测试评估智能驾驶车辆在真实城市道路环境中的性能和安全性。它主要关注智能驾驶车辆在真实城市道路环境中的性能和安全性。具体测试目的包括评估交通流效率和驾驶平稳性、交通规则遵守、障碍物和行人识别与避让、道路变化和环境适应、紧急情况处理、交通拥堵处理，以及智能驾驶系统稳定性和可靠性。通过进行城市道路行驶测试，可以全面评估智能驾驶车辆在复杂城市环境中的性能和安全性，发现潜在的问题和改进点，并优化智能驾驶算法和系统，以实现更可靠、高效和安全的智能驾驶技术。

2. 地图选择

地图数据的合理选择将直接影响仿真的真实性、准确性和有效性。在进行城市道路行驶测试时，如图 3-7 所示，首先根据测试目的和仿真需求，选择合适的地图数据类型。一种是使用现实世界的地图数据，例如从 Google Maps 或 OpenStreetMap 获取的真实城市道路数据；另一种是使用通过建模软件创建的虚拟地图。对于城市道路行驶测试，建议优先选择现实世界的地图数据，因为它可以提供更真实的交通环境和路况，模拟真实车辆行驶的挑战和复杂性。通过使用真实城市地图数据，仿真可以模拟现实中的交通流量、道路类型、地形和建筑物分布等重要特征。这样能够更准确地测试智能驾驶车辆在城市道路环境中的性能和安全性，如交通流效率、驾驶平稳性、交通规则遵守、障碍物和行人识别与避让、道路变化和环境适应等方面。同时，真实城市地图数据还可以为测试提供更具挑战性的场景，如复杂交叉口、拥堵路段、限制区域等，帮助评估智能驾驶系统在现实城市环境中的可行性和应用潜力。总之，选择合适的城市地图数据对于城市道路行驶测试是至关重要的，它可以提供更真实、准确和有意义的测试环境，为智能驾驶 HIL 测试仿真提供有效的平台和数据支持。

图 3-7 城市道路

3.5.2 高速公路行驶测试

1. 测试目的

高速公路行驶测试评估智能驾驶车辆在高速公路上的智能驾驶能力和高速行驶性能。测试目的包括以下几个方面：

第一，高速公路行驶测试旨在评估智能驾驶车辆在高速公路上的稳定性和安全性。高速公路上车辆行驶速度较快，对于智能驾驶系统的稳定性和控制能力提出了更高的要求。测试将检查智能驾驶车辆在高速公路上的横向和纵向控制性能，包括车辆的车道保持、加速和减速控制等，确保车辆在高速行驶时的稳定性和安全性。

第二，高速公路行驶测试还将评估智能驾驶车辆在高速公路上的导航和路径规划能力。高速公路通常具有复杂的车道结构和道路交叉口，智能驾驶系统需要准确识别车道和导航，选择合适的车道并进行路径规划。测试将检查智能驾驶车辆在高速公路上的车道保持和换道行为，以及对交叉口和出口的导航和规划能力，确保车辆在高速公路上能够安全地导航和行驶。

第三，高速公路行驶测试将评估智能驾驶车辆的感知和障碍物识别能力。高速公路上可能会出现各种障碍物，如其他车辆、行人、交通标志和路标等，智能驾驶系统需要准确地感知和识别这些障碍物，并采取适当的行动以避免碰撞和保持安全距离。测试将模拟高速公路上的各种障碍物和复杂交通情况，评估智能驾驶车辆在高速公路上的感知和障碍物识别能力。

第四，高速公路行驶测试还将测试智能驾驶车辆的应急处理能力。在高速公路上，可能会出现紧急情况，如突然出现的障碍物、交通事故等，智能驾驶车辆需要迅速做出反应并采取紧急措施，以确保车辆和乘客的安全。测试将评估智能驾驶车辆在高速公路上的紧急制动、避让障碍物等应急处理能力。

第五，高速公路行驶测试还将考查智能驾驶车辆在高速行驶时的燃油效率和能源消耗。高速行驶通常会导致更高的能源消耗，智能驾驶系统需要在提供高效性能的同时，尽可能降低能源消耗，以延长车辆的续驶里程。测试将评估智能驾驶车辆在高速公路上的燃油效率和能源消耗，优化系统控制策略，实现更节能环保的高速行驶。

2. 地图选择

地图应包含高速公路的标准车道、交叉口、出口等特征，以模拟高速公路行驶环境。在进行高速公路行驶测试时，选择合适的现实世界地图数据对于评估智能驾驶车辆在高速公路上的性能和安全性至关重要，如图3-8所示。

图3-8 高速公路匝道

现实世界地图数据应包含高速公路的标准车道，这包括多条并行车道，通常为2～4车道，也有更多车道的高速公路。每个车道应具有标准的车道宽度和车道标线，以便智能驾驶车辆能够准确识别和遵循车道。此外，高速公路上常见的交通标志和道路标志也应包含在地图数据中，以模拟真实道路环境。

除了标准车道外，交叉口和出口也是高速公路行驶测试中重要的特征。高速公路上的交叉口通常是立交桥或立交路口，智能驾驶车辆需要准确地识别交叉口和出口，并采取适当的导航和换道策略。

3.5.3 自定义场景测试

1. 测试目的

自定义场景测试在特定场景下测试智能驾驶车辆的性能，如交叉口行驶、夜间行驶、恶劣天气条件等。它旨在根据特定的测试需求和目标，创建和模拟自定义的驾驶场景，以评估智能驾驶车辆在特定情况下的性能和安全性。测试目的主要包括以下几个方面：

第一，自定义场景测试旨在模拟特定的驾驶场景和情况，这些场景在现实世界中可能比较罕见或者具有一定挑战性。通过创建这些定制化的场景，测试可以更加深入地评估智能驾驶系统在特定情况下的应对能力，发现潜在问题和改进点。

第二，自定义场景测试可以用于评估智能驾驶车辆在极端天气条件下的表现。例如，测试车辆在恶劣天气如雨雪、大风、低能见度等情况下的感知、控制和应急处理能力，确保智能驾驶系统在不同气候条件下的可靠性和稳定性。

第三，自定义场景测试还可以用于测试智能驾驶车辆在复杂交通环境下的性能。例如，模拟高密度交通流量、拥堵路段、复杂交叉口等情况，评估智能驾驶车辆在这些复杂情况下的导航、路径规划和交通协调能力。

第四，自定义场景测试可以用于评估智能驾驶车辆在特殊道路类型下的适应性。例如，测试车辆在山区、乡村道路、狭窄巷道等特殊道路环境中的表现，确保智能驾驶系统在不同道路类型下的适用性和稳定性。

第五，自定义场景测试还可以用于测试智能驾驶车辆在紧急情况下的应急处理能力。例如，模拟突然出现的障碍物、交通事故、紧急制动等情况，评估车辆在紧急情况下的反应速度和安全措施。

第六，自定义场景测试还可以用于评估智能驾驶车辆在不同用户需求和乘坐舒适性方面的性能。例如，测试智能驾驶车辆在不同驾驶风格下的表现，以及车辆在智能驾驶和手动驾驶模式切换时的平滑度和过渡性能。

2. 地图选择

根据测试场景的特点，可以使用虚拟地图建模软件创建自定义场景。这样可以完全控制场景的设置和参数，并针对特定测试需求进行调整。智能驾驶 AEB 场景如图 3-9 所示。

图 3-9　智能驾驶 AEB 场景

3.5.4 道路规划和路径规划测试

1. 测试目的

道路规划和路径规划测试评估智能驾驶车辆的道路规划和路径规划算法在不同环境下的表现。其主要目的是评估智能驾驶车辆在不同驾驶场景下的导航能力和路径选择效果。这些测试旨在确保智能驾驶系统能够准确地规划车辆的行驶路线，并选择最优路径以实现高效、安全、稳定的驾驶。以下是对道路规划和路径规划测试目的的详细解释：

第一，道路规划和路径规划测试的一个重要目的是评估智能驾驶车辆在城市道路和高速公路等不同道路类型上的导航能力。智能驾驶车辆需要准确地识别和理解道路结构、车道宽度、交叉口等信息，以制定适当的导航策略。测试将模拟真实世界中的各种道路环境，包括复杂的交叉口、车道变换、高速公路出口等情况，以评估智能驾驶车辆在这些情况下的导航能力和路径选择准确性。

第二，道路规划和路径规划测试还将评估智能驾驶车辆在不同交通流量条件下的路径规划效果。交通流量是城市道路和高速公路行驶中的一个重要考虑因素，它直接影响车辆行驶的速度和流畅性。测试将模拟不同交通流量的场景，包括高峰时段和拥堵路段，以评估智能驾驶车辆在这些条件下的路径规划效果和交通协调能力。

第三，道路规划和路径规划测试还将评估智能驾驶车辆对实时路况变化的适应性。路况可能随时发生变化，如交通事故、道路施工等情况，这会影响车辆的行驶路径和行驶速度。测试将模拟实时路况变化，评估智能驾驶车辆在不同路况下的路径规划和调整策略，确保车辆能够灵活应对各种道路情况。

第四，道路规划和路径规划测试还将评估智能驾驶车辆的路径选择效果和行驶性能。智能驾驶车辆的路径选择直接影响车辆的行驶效率和安全性。测试将评估车辆在不同路径选择下的行驶速度、能源消耗、安全间距等指标，以找出最优的路径规划策略，优化车辆的行驶性能。

第五，道路规划和路径规划测试还将测试智能驾驶车辆在紧急情况下的路径规划和应急处理能力。在出现紧急情况时，如突然出现障碍物或交通事故，智能驾驶车辆需要迅速做出反应并采取适当的规避策略。测试将模拟紧急情况，评估智能驾驶车辆的路径规划和应急处理能力，确保车辆在危险情况下的安全性。

第六，道路规划和路径规划测试还将评估智能驾驶车辆在多车道道路上的换道行为和交通协调能力。在多车道道路上，车辆需要根据交通流量和路况合理选择换道时机和换道策略，保持行驶的平稳性和流畅性。测试将模拟多车道道路上的换道场景，评估车辆的换道行为和交通协调能力，优化车辆在多车道道路上的驾驶效果。

2. 地图选择

选择具有复杂道路网络、多种道路类型和交通情况的地图，以测试路径规划算法在不同场景下的适应性和效率，如图 3-10 所示。

图 3-10　复杂道路环境

3.5.5　交通规划和智能交通系统测试

1. 测试目的

交通规划和智能交通系统测试评估智能交通系统的性能和交通规划策略。它们旨在评估交通规划和智能交通系统的效果和性能，以提高交通流量的优化效果、道路交通的安全性和效率。以下是对交通规划和智能交通系统测试目的的详细解释：

第一，交通规划测试的目的是评估交通规划算法的效果和准确性。交通规划是指针对城市或地区的交通流量情况，通过交通信号灯、交通标志等控制措施，对交通流进行合理的规划和调度，以实现交通的有序、高效运行。测试将模拟不同交通流量条件下的交通规划策略，评估交通规划算法在不同场景下的表现，包括交通拥堵的缓解、交通信号灯的优化、交叉口的协调等。

第二，智能交通系统测试的目的是评估智能交通系统在实际道路环境中的表现。智能交通系统利用先进的传感器、通信和控制技术，对交通流量进行实时监测和分析，以提供实时的交通信息和建议，优化交通流量，提高道路交通的安全性和效率。测试将评估智能交通系统的感知能力、数据处理和分析能力、交通信息传输和反馈能力，以及系统的鲁棒性和可靠性。

第三，交通规划和智能交通系统测试还将评估系统在特殊情况下的应急处理能力。在交通规划和智能交通系统运行过程中，可能会遇到突发事件，如交通事故、道路施工等情况，这会对交通流量和道路交通产生影响。测试将模拟特殊情况下的应急处理场景，评估交通规划和智能交通系统对突发事件的应对能力，以确保系统能够及时、有效地做出应急调整和处理。

第四，交通规划和智能交通系统测试还将评估系统对于不同用户需求的适应性。不同用户可能有不同的出行需求和驾驶习惯，交通规划和智能交通系统需要能够根据不同用户的需求提供个性化的服务和建议。测试将模拟不同用户需求的场景，评估交通规划和智能交通系统对不同用户的适应性和满足程度。

第五，交通规划和智能交通系统测试还将评估系统的整体性能和效果。测试将综合考虑交通规划和智能交通系统在不同场景下的表现，包括交通流量优化效果、道路交通的安全性和效率、应急处理能力以及用户满意度等指标，以全面评估系统的综合性能。

2. 地图选择

选择包含实时交通流量和信号灯控制的城市地图，以模拟真实交通情况并测试智能交通系统的响应和优化能力，如图 3-11 所示。

图 3-11 交叉路口

3.6 添加车辆传感器

3.6.1 确定传感器选型

在确定传感器选型时，首先要明确应用场景和需求，包括要测量的参数范围和精度、工作环境条件、通信接口等。然后比较不同传感器类型的特性、优势和劣势，选择与应用需求最匹配的传感器。考虑到成本、能耗、尺寸和供应商支持等因素，综合考虑后做出最终决策。确保选定的传感器能够在智能驾驶 HIL 测试中提供高可靠性和稳定性，并满足系统的性能要求，以确保得到安全和可靠的测试结果。最终的选型决策应该基于全面的需求分析和综合评估，确保所选传感器能够有效地满足智能驾驶系统的感知需求。

以下是在智能驾驶 HIL 测试中确定传感器选型的一些建议步骤：

确定测试需求：首先明确你的智能驾驶系统需要使用哪些传感器。典型的传感器可能包括激光雷达、摄像头、毫米波雷达、GPS 接收器、惯性测量单元（IMU）等。根据测试需求和要模拟的场景，逐一考虑这些传感器的必要性。

模拟环境条件：确定你要测试的场景和环境条件，包括道路类型、天气条件、时间等。根据环境条件选择能够在这些情况下工作的传感器。

确定精度要求：考虑智能驾驶系统的功能和性能要求，确定每种传感器的精度要求。例如，激光雷达和摄像头需要高精度来进行准确的障碍物识别和定位。

考虑传感器互补性：智能驾驶系统通常会使用多种传感器来提高感知的鲁棒性和可靠性。确保所选传感器能够有效地相互补充，提供全面的环境感知能力。

数据传输和处理：考虑传感器数据传输和处理的需求。不同传感器可能需要不同的数据接口和传输速率，确保系统能够满足这些需求。

可靠性和稳定性：智能驾驶系统的安全性至关重要，所选传感器必须具有高可靠性和稳定性，以确保在长时间测试中不会出现故障或误差。

系统集成：确保所选传感器与 HIL 测试平台和其他硬件组件的集成性良好，并能与测试平台的实时仿真系统协同工作。

成本考虑：传感器通常是智能驾驶系统中的昂贵部件，要在性能和成本之间进行权衡，并确保选择的传感器在预算范围内。

3.6.2　确定传感器布局

首先，需要明确智能驾驶系统的功能和应用场景。不同的驾驶场景和用例可能需要不同类型的传感器和布局方式，如图 3-12 所示。例如，城市驾驶和高速公路驾驶可能对传感器布局有不同的要求。

基于需求分析，确定所需的传感器类型。常见的智能驾驶传感器包括激光雷达、摄像头、超声波传感器、毫米波雷达和 GPS 等。不同的传感器类型在感知范围、精度、数据处理和成本方面存在差异。

传感器布局优化是一个复杂的任务，涉及多个因素的综合考虑。

以下是一些重要因素：

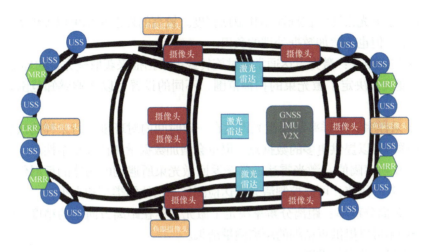

图 3-12　传感器布局

USS—Ultrasonic Sensor（超声波雷达）　　LRR—Long-Range Radar（长距离雷达）
MRR—Medium-Range Radar（中距离雷达）

覆盖范围：确保传感器的布局能够覆盖整个车辆周围的环境，包括前方、后方、两侧和盲区。覆盖范围的不足可能导致漏检或盲区，增加事故风险。

传感器互补性：不同类型的传感器在不同条件下有各自的优势和局限性。通过将多种传感器相互补充，可以提高系统的鲁棒性和可靠性。

重叠区域：在某些情况下，相同区域使用多个传感器进行监测可以增加对目标的识别准确性。但是要避免过多的重叠区域，以免导致数据冗余和计算复杂性增加。

数据同步：确保传感器之间的数据同步是至关重要的。在传感器数据融合中，时间同步问题必须解决，以确保正确的数据关联。

算法支持：传感器布局需要考虑智能驾驶算法的支持。传感器提供的数据必须适合算法的输入要求，并且能够满足系统的实时性需求。

3.6.3　配置传感器参数

传感器参数配置涉及多个方面，包括传感器的内部设置、传感器之间的配合以及传感器数据的处理和校准。

1. 传感器的内部设置

传感器的内部设置是指传感器本身具有的一些可调节参数，通过设置这些参数，可以对传感器的工作模式和性能进行配置和调整。不同类型的传感器具有不同的内部设置选项，下面将以激光雷达和摄像头为例，详细说明传感器内部设置的相关内容。

（1）激光雷达内部设置

1）激光发射频率：激光雷达通过发射脉冲激光来探测周围环境，激光发射频率决定了激光雷达的扫描速率和数据密度。较高的发射频率可以提供更高的数据分辨率，但也会增加数据处理的负担。

2）扫描角度：激光雷达通常通过旋转或电子扫描来获取全方位的环境信息。扫描角度设置决定了激光束的扫描范围，不同的设置可以影响感知范围和数据密度。

3）采样率：采样率是指激光雷达在一定时间内对环境进行采样的次数。较高的采样率可以提供更多的数据点，但也会增加数据量和计算复杂性。

4）反射率阈值：激光雷达通常会返回激光束所遇到的物体的反射信号。通过设置反射率阈值，可以控制激光雷达检测到的物体的类型和大小。

5）距离分辨率：距离分辨率决定了激光雷达在距离方向上的精度。较高的距离分辨率可以提供更精细的距离测量结果。

（2）摄像头内部设置

1）曝光时间：曝光时间决定了摄像头对光线的感受时间，较长的曝光时间可以提高图像的亮度，但也可能导致运动模糊。

2）图像分辨率：图像分辨率是指图像的像素数量，较高的分辨率可以提供更清晰的图像细节，但也会增加图像数据的大小。

3）帧率：帧率指摄像头每秒输出的图像帧数，较高的帧率可以提供更流畅的图像显示。

4）白平衡：白平衡设置用于校正图像中的色彩偏差，确保图像中的颜色真实和准确。

5）对焦设置：对焦设置用于调整图像的清晰度和焦距，确保图像中的物体清晰可见。

6）曝光补偿：曝光补偿用于调整图像的亮度和对比度，适应不同光照条件下的拍摄需求。

传感器内部设置需要根据实际应用场景和系统需求进行调整。例如，在智能驾驶系统中，对激光雷达的内部设置可以根据车辆行驶速度和感知范围进行优化，以获得适合的数据密度和采样率。对于摄像头，内部设置可以根据路面状况和光照条件进行调整，以确保拍摄到清晰的图像。

2. 传感器之间的配合

传感器之间的配合是指不同类型的传感器在智能驾驶系统中相互协作，共同感知和理解周围环境的过程。通过传感器之间的配合，可以综合利用各传感器的优势，弥补各自的局限性，提高系统的感知能力和鲁棒性。

3. 传感器数据的处理和校准

传感器数据的处理和校准是智能驾驶系统中确保传感器数据质量和准确性的关键步骤。传感器数据通常会受到噪声、误差和漂移等影响，通过数据处理和校准，可以降低这些影响，提高传感器数据的可信度和精度。

3.7 配置仿真环境

设置仿真环境的参数，包括天气条件、时间、交通流量等，以模拟不同的实际驾驶场景。

3.7.1 天气条件

在硬件在环（HIL）测试中，通过模拟各种天气条件，对智能驾驶系统进行全面的性能测试，确保该系统在多种天气情况下都能保持安全和可靠的运行，如图3-13所示。

图3-13 天气条件仿真

1. 晴天

在智能驾驶HIL测试中，晴天条件下的测试至关重要。在晴朗的天气下进行测试，提供了一个相对理想的天气条件，有助于评估智能驾驶系统的基本功能和性能。晴天测试的主要特点包括良好的能见度、稳定的路况、无降水干扰、光照条件稳定、便于比较测试结果以及提供基准数据。

第一，良好的能见度是晴天测试的显著特点之一。在晴朗的天气下，大部分时间可以期望较好的能见度，这对于智能驾驶系统的传感器至关重要。摄像头、激光雷达和其他传感器更容易感知道路和周围环境，使智能驾驶系统能够更准确地识别交通标志、车辆、行人和其他障碍物。

第二，晴天测试提供了稳定的路况，这也是其重要特点之一。在晴天的条件下，通常路面较为干燥、平整，没有积水或冰雪等不稳定因素。这样的路况有利于测试智能驾驶系统的稳定性和舒适性。测试车辆可以更容易地维持驱动和制动性能，这样可以更好地评估车辆的动力学性能。

第三，晴天测试不受降水影响，这使得测试过程更加可控和可预测。在没有雨水、雪或雾等降水天气的情况下，测试车辆的性能更为稳定，不会出现因降水而导致的湿滑路面或能见度差的情况，这有助于更准确地评估智能驾驶系统的行驶表现。

第四，晴天测试光照条件稳定。晴朗的天气通常提供相对稳定的光照条件，这对于摄像头和其他传感器非常重要。稳定的光照条件有助于摄像头和传感器更好地捕捉道路上的信息，避免因天气变化而导致的亮度和对比度问题，从而提高智能驾驶系统的感知和决策能力。

第五，晴天测试的结果较为稳定，便于比较测试结果以及进行不同时间、不同车辆之间的对比。由于晴天条件下的环境相对一致，测试数据之间的差异性较小，可以更方便地进行数据分析和性能评估。这为开发人员提供了更多的参考，有助于更好地发现潜在的问题和改进方向。

第六，晴天测试还提供了基础数据，可以用于评估智能驾驶系统在基本行为中的性能表现。在晴朗的天气下，可以获取智能驾驶系统基本行为，例如车辆在直线行驶、转弯、制动等方面的性能数据。这为智能驾驶系统的基本功能评估提供了有价值的信息，同时也为进一步测试和改进智能驾驶系统打下了基础。

2. 雨天

雨天的测试特点在智能驾驶 HIL 测试中也是非常重要的，因为雨天条件下道路状况复杂多变，对智能驾驶系统的感知、决策和控制能力提出更高的要求。

第一，降水影响。雨天测试模拟不同强度的降雨情况，考查智能驾驶系统在雨中的表现。雨水会降低道路摩擦系数，使路面变得湿滑，对车辆的驱动和制动性能提出挑战。测试中可以评估智能驾驶车辆在湿滑路面上的稳定性和安全性，以确保系统在降水天气下仍能可靠运行。

第二，能见度降低。雨天通常伴随着能见度的降低，这对传感器的性能提出了考验。摄像头可能受到雨水的模糊影响，激光雷达可能遇到雨滴散射问题，这都会影响智能驾驶系统对周围环境的感知能力。在雨天测试中，需要评估传感器在恶劣天气条件下的表现，以确保智能驾驶系统能够准确感知道路上的目标和障碍物。

第三，涉水行驶。在雨天条件下，道路上可能出现积水，需要智能驾驶系统能够适应涉水行驶。测试时需要评估车辆通过水淹路段时的处理能力，包括控制车速、保持稳定等方面。

第四，雨中目标检测。雨天测试还需要考虑目标检测的性能。雨水会使道路上的标志和交通信号灯模糊不清，行人和其他车辆可能变得难以识别。智能驾驶系统在雨中对目标的准确检测和识别能力是雨天测试中的一个重要指标。

第五，雾天情况。在较强降雨或晨雾等情况下，雨天测试也可能涉及雾天条件的模拟。雾天的特点是能见度非常低，对智能驾驶系统的感知和导航能力提出了更高的挑战。测试中需要评估智能驾驶系统在雾天条件下的应对能力，确保系统能够安全导航并及时做出正确决策。

3. 雪天

雪天的测试特点在智能驾驶 HIL 测试中也是非常关键的，因为雪天条件下道路状况更为复杂，对智能驾驶系统的感知、决策和控制能力提出更高的要求。

第一，路面湿滑和降低牵引力。在雪天测试中，道路上可能有积雪或结冰，这导致路面湿滑并降低车辆的牵引力。测试时需要评估智能驾驶系统在湿滑路面上的行驶表现，包括车辆的稳定性和牵引力控制，以确保系统能够在低附着力条件下安全驾驶。

第二，降低能见度和目标检测困难。雪天通常伴随着能见度的降低，尤其是大雪或暴风雪情况下。能见度降低会对智能驾驶系统的传感器性能造成影响，摄像头可能受到雪花的干扰，激光雷达可能在降雪中难以准确探测目标。在雪天测试中，需要评估传感器在恶劣天气条件下的表现，确保智能驾驶系统能够准确感知和识别道路上的目标和障碍物。

第三，防滑和稳定性控制。在雪天路况下，智能驾驶系统需要具备良好的防滑和稳定性控制能力。车辆可能会面临打滑、漂移或失控等情况，测试时需要评估智能驾驶系统在这些情况下的反应和控制能力，以确保车辆可以保持稳定并及时采取正确的措施。

第四，雪中目标检测。雪天测试还需要考虑雪中目标检测的性能。大雪覆盖道路上的标志和交通信号灯、行人和其他车辆可能隐藏在积雪中，这增加了智能驾驶系统识别目标的难度。测试中需要评估智能驾驶系统在雪天条件下的目标检测能力，确保系统可以准确地识别和跟踪周围的目标。

3.7.2 时间

1. 白天

白天的测试特点在智能驾驶 HIL 测试中是非常重要的，因为白天是智能驾驶系统主要的运行时间。白天测试提供了一个相对明亮的环境，为智能驾驶系统的感知、决策和控制能力提供了有利条件。

第一，良好的光照条件是白天测试的显著特点之一。在白天的条件下，通常有充足的阳光照射，这使得道路和周围环境更加明亮。良好的光照条件有利于摄像头和传感器更好地捕捉道路上的信息，使智能驾驶系统能够更准确地感知和识别交通标志、车辆、行人和其他障碍物。

第二，稳定的能见度是白天测试的重要特点之一。在白天的条件下，通常能见度较好，不受降雨、雪或雾等天气条件的影响。这使得智能驾驶系统的传感器（如摄像头、激光雷达等）更容易感知道路和周围环境，提高了系统的感知能力。

第三，日出和日落时刻是白天测试的重点。在日出和日落时刻，光照条件会迅速变化，智能驾驶系统需要能够及时适应环境的变化。测试中需要评估系统在这些时间段的感知和控制能力，确保系统在光线变化时能够稳定地运行。

第四，白天测试还涉及路面的不同状况。在白天的条件下，路面通常干燥，这使得车辆的驱动和制动性能相对稳定。测试中还需要考虑其他路面状况，例如路面上可能存在的不平整、油污等，以评估智能驾驶系统在不同路面条件下的表现。

第五，白天测试还需要关注高亮度环境下的传感器性能。在强光照射下，摄像头可能受到光线的干扰，导致图像质量下降。测试中需要评估摄像头在高亮度环境下的表现，确保智能驾驶系统能够适应不同亮度条件下的感知需求。

2. 夜晚

夜晚的测试特点在智能驾驶 HIL 测试中也是非常关键的，因为夜晚条件下道路状况和光照情况复杂多变，对智能驾驶系统的感知、决策和控制能力提出更高的要求。以下是夜晚测试的一些特点：

第一，光照条件的不稳定性是夜晚测试的显著特点之一。夜晚时分，路面和周围环境通常较为暗淡，而车辆的前照灯和路灯会提供有限的照明。这种不稳定的光照条件对于智能驾驶系统的传感器性能造成挑战，摄像头可能在暗光环境下受到影响，激光雷达可能在有限的光线下难以准确探测目标。在夜晚测试中，需要评估智能驾驶系统在低光照条件下的感知能力，确保系统能够准确感知道路上的目标和障碍物。

第二，夜间目标检测和识别困难是夜晚测试的重点。由于光照条件较差，道路上的交通标志、车辆和行人可能变得难以识别。智能驾驶系统在夜晚条件下的目标检测和识别能力是夜晚测试中的一个重要指标。测试时需要评估系统在夜间不同光照条件下对目标的准确检测和识别能力，以确保智能驾驶系统能够在夜晚安全地感知和应对周围的交通和路况。

3.7.3 交通流量

在智能驾驶 HIL 测试中，需要考虑多种交通流量，以模拟真实世界中复杂多变的交通情况。这些交通流量类别包括：

交通密度：交通密度是指在特定道路或路段上车辆的数量和密度。在智能驾驶 HIL 测试中，需要考虑不同交通密度的情况，包括高密度、中等密度和低密度的交通流量。高交通密度条件下，道路上车辆较多，交通拥堵可能较为严重，智能驾驶系统需要能够处理复杂的交通决策和行驶策略。低交通密度条件下，道路上车辆较少，智能驾驶系统需要保持稳定且高效地行驶。

车辆类型：在智能驾驶 HIL 测试中，需要考虑不同类型的车辆，包括小型汽车、货车、公交车、摩托车等。不同类型的车辆具有不同的行驶特性和加速性能，智能驾驶系统需要能够适应并识别不同类型的车辆，并与它们共享道路空间。

交通行为：交通行为是指车辆在道路上的行驶方式和行驶决策。在智能驾驶 HIL 测试中，需要考虑不同交通行为，包括车辆的加速、减速、变道、并线、超车、停车等行为。智能驾驶系统需要能够预测和响应其他车辆的行为，从而保持安全和高效的行驶。

交通规则：交通规则是指道路交通中的法规和规范，包括交通信号灯、停车标志、限速标志等。在智能驾驶 HIL 测试中，需要考虑不同交通规则的情况，包括交通信号灯的变化、道路标志的遵守等。智能驾驶系统需要能够正确理解和遵守交通规则，与其他车辆和行人协调行驶。

交通流量动态变化：在智能驾驶 HIL 测试中，还需要考虑交通流量的动态变化。交通流量随着时间、地点和情景的变化而变化，智能驾驶系统需要能够适应不同时间段和地点的交通流量变化，从而做出准确的决策和规划。

特殊情况：在智能驾驶 HIL 测试中，还需要考虑特殊情况下的交通流量。例如，交通事故、施工区域、紧急情况等都可能导致交通流量的变化和不确定性。智能驾驶系统需要能够适应这些特殊情况，并做出安全和及时的应对。

3.8 定义车辆行为

3.8.1 车辆控制

1. 加速

在加速场景中，我们可以通过向车辆的加速踏板施加指定的输入信号来模拟驾驶员的加速操作。然后，车辆的控制系统将根据这个输入信号来调整发动机输出、变速器齿轮比以及其他相关控制参数，从而实现车辆的加速过程。

在测试中，我们可以设置不同的加速需求，例如从静止状态到目标速度的加速时间，或者在特定的距离内达到目标速度。通过这些测试，我们可以评估车辆在不同加速条件下的性能表现，包括加速度、响应时间和动力输出等。

2. 减速

在减速场景中，我们可以通过控制车辆的制动系统来实现不同的减速需求。例如，可以模拟紧急制动情况，要求车辆在最短的时间内停下；也可以模拟平稳减速，要求车辆在保持稳定的同时减速到目标速度。通过这些不同的减速测试，我们可以全面评估车辆控制系统在不同减速条件下的性能和稳定性。

在减速场景测试中，我们不仅关注车辆减速的时间和速度变化，还需要考虑到制动系统的效率和稳定性。例如，我们可以通过监测制动系统的温度和压力来评估其在长时间高强度制动下的工作状态。同时，我们还可以观察车辆在不同路面状况下的制动反应，以评估制动系统在湿滑或不平路面上的表现。

3. 转向

在转向场景测试中，我们可以模拟不同的转向情况，例如低速转弯、高速转弯、变道、避障等。通过这些测试，我们可以评估车辆在不同转向情况下的操控性能和转向响应能力。

在测试中，我们还可以引入不同的驾驶场景，例如干燥路面、湿滑路面和不同的路面质地，以评估转向系统在不同路况下的表现。此外，我们还可以模拟车辆荷载变化、侧风等外界因素，以考查车辆转向系统对这些因素的适应性。

4. 制动

在制动场景测试中，我们可以模拟不同的制动情况，例如紧急制动、渐进制动、高速制动等。通过这些测试，我们可以全面评估车辆在不同制动条件下的制动性能和稳定性。

在测试中，我们还可以引入不同的驾驶场景，例如干燥路面、湿滑路面和不同的路面质地，以评估制动系统在不同路况下的表现。此外，我们还可以模拟车辆荷载变化、侧风等外界因素，以考查制动系统对这些因素的适应性。

3.8.2 车辆路径

1. 加塞

加塞场景通常发生在拥挤的交通中，指一辆车试图插入高速行驶的车流中，或者在缓慢行驶的车流中试图加速超越前车。

在加塞场景测试中，我们可以设置不同的加塞条件，例如加塞车辆的速度和位置、前车的速度和位置等。通过这些测试，我们可以评估车辆控制系统在不同加塞条件下的性能和稳定性。

在测试中，我们还可以模拟不同的加塞策略，例如渐进式加塞、紧急加塞等。通过这些不同的策略测试，我们可以全面了解车辆控制系统对不同加塞策略的响应和适应性。

2. 变道和并线

变道场景是指车辆在行驶过程中从当前车道切换到相邻车道的操控过程。

在变道场景测试中，我们可以设置不同的变道条件，例如变道时的速度、与其他车辆的安全距离、变道的角度等。通过这些测试，我们可以评估车辆控制系统在不同变道条件下的性能和稳定性。

在测试中，我们还可以模拟不同的变道策略，例如渐进式变道、快速变道等。通过这些不同的策略测试，我们可以全面了解车辆控制系统对不同变道策略的响应和适应性。

3.9 基于 PanoSim 的快速试验

3.9.1 试验目的

PanoSim 内置基本算法实例，实例采用 C/C++、Python、Simulink 三种不同的实现方式。通过运行 PanoSim 自带实例，用户能够快速了解 PanoSim 仿真过程并熟悉软件基本操作。本节以 PanoSim 自带的 ACC 实例进行展示。实例仿真工况定义：主车实时监测车辆前方行驶环境，在设定的速度范围内自动调整行驶速度，以适应前方车辆或道路条件等引起的驾驶环境变化。交通车以 10km/h 速度按照设定轨迹行驶，主车以 60km/h 初始化速度起动后，将按照 ACC 算法逻辑跟驰前车行驶。

3.9.2 软件配置

双击 PanoExp 图标启动 PanoSim GUI，启动 PanoExp 后显示主界面如图 3-14 所示。

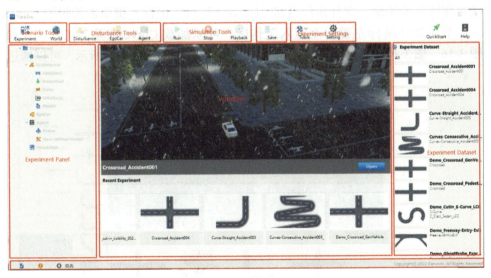

图 3-14 PanoExp 主界面

在进行试验之前，鼠标左键单击 PanoExp 界面右上角设置按钮，进行必要的系统配置，包括 MATLAB 版本、实时或非实时模式、文件保存路径、Debug

Level 等信息，如图 3-15 所示。若对 MATLAB 版本进行了修改，则需要重新启动 PanoSim 主程序才能生效。

图 3-15　试验设置界面

3.9.3　创建试验

在 PanoExp 界面上方场景工具栏中单击 World 按钮，在右侧弹出的属性栏中选择您所需的场地，选择曲线道路（Curve）试验，鼠标左键单击选择的 Curve 道路后，按住鼠标左键向左拖入工作区，可以加载 Curve 试验至工作区，如图 3-16、图 3-17 所示。此时，试验默认名为 Curve，如图 3-18 所示，可以通过

图 3-16　PanoExp 界面

单击上方场景工具栏 Save，选择 Save As，对场景进行重命名操作，如图 3-19 所示。

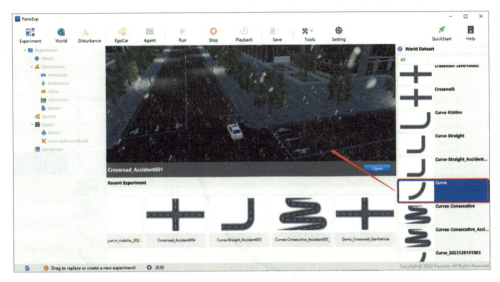

图 3-17 加载 Curve 试验至工作区

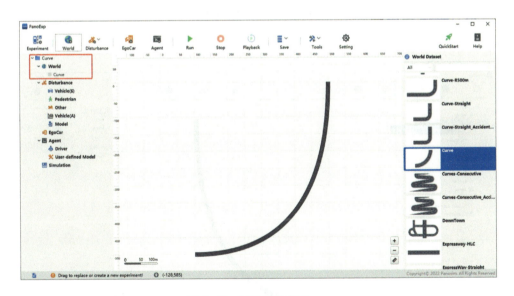

图 3-18 试验默认名 Curve

为了更好地仿真场地，可使用 WorldBuilder 工具对地图进行编辑，在 Experiment 配置窗口的 World 分支下，鼠标右击地图名 Curve，在弹出的窗口中单击 Edit World 可以快速打开 WorldBuilder，如图 3-20 所示；也可以在 PanoExp 下使用鼠标左键单击 Tool 按钮并选择 WorldBuilder，选择 Curve 地图并对此场景相关参数进行调整，如图 3-21、图 3-22 所示。

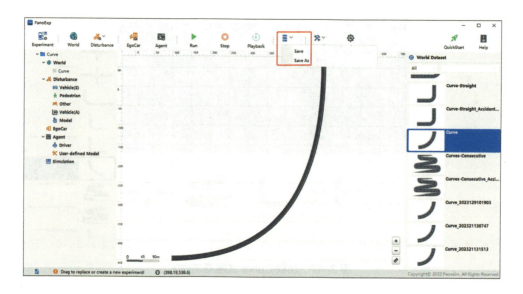

图 3-19　试验重命名

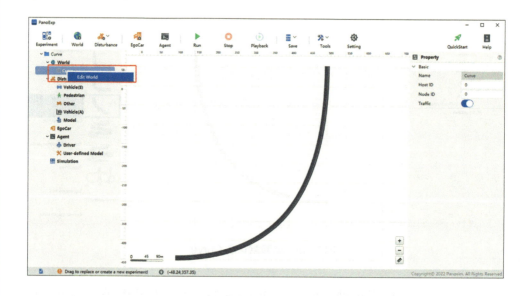

图 3-20　WorldBuilder 快速启动

第 3 章　智能驾驶 HIL 测试环境仿真

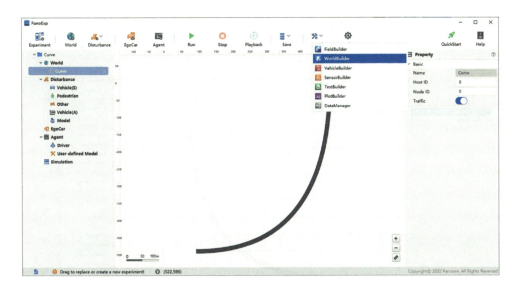

图 3-21　WorldBuilder 选择界面

图 3-22　地图加载界面

在 WorldBuilder 中可以设置交通标识牌、信号灯、路障、天气、随机交通流等信息，下面以天气和随机交通流为例进行介绍。

如图 3-23 所示，在选择左侧 WorldBuilder 配置窗口中的 Weather 按钮后，可以在右侧弹出的属性栏中完成对天气的相关设置。下面以可见度、雨雪天气设置进行详细介绍。在完成相关调整后，在 WorldBuilder 工具栏中鼠标左键单击

81

Save 选择 Save 保存，可以通过单击 Preview，查看参数更改之后的仿真效果。

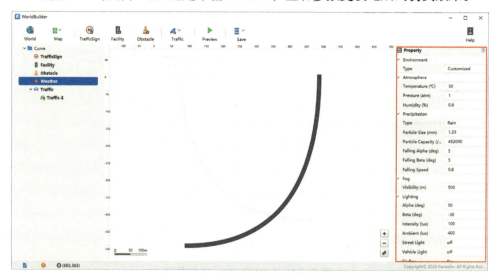

图 3-23　Weather 参数设置

改变右侧属性栏中 Fog 下的 Visibility 参数可以调节能见度，将 Visibility 数值增大可以提高能见度，将 Visibility 数值减小降低能见度。Visibility 数值等于 500 的能见度相较于 Visibility 数值等于 10 的能见度显著提高，如图 3-24、图 3-25 所示。

改变右侧属性栏中 Precipitation 下的 Type 参数可以选择雨雪天气。参数 Type 的默认值一般为 None，单击 Type 的参数设置栏，在弹出的选项栏中选择 Rain 或者 Snow 从而改变天气，如图 3-26～图 3-28 所示。

图 3-24　Visibility 数值等于 10 时效果图

第 3 章　智能驾驶 HIL 测试环境仿真

图 3-25　Visibility 数值等于 500 时效果图

图 3-26　晴天效果图

图 3-27　雨天效果图

图 3-28　雪天效果图

如图 3-29 所示，在选择左侧 WorldBuilder 配置窗口中的 Traffic 按钮后，可以在右侧属性栏中完成对随机交通流的相关设置，例如，调整随机交通流的密

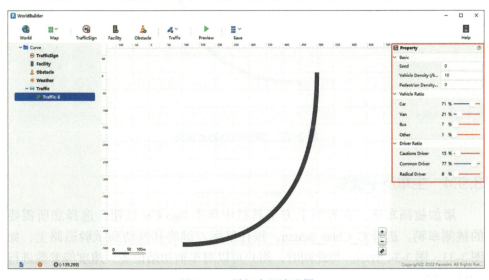

图 3-29　随机交通流设置

度、各个车型所占的比例等。下面以改变随机交通流密度进行介绍，改变右侧属性栏中 Basic 下的 Density 参数可以改变交通流密度，如图 3-30、图 3-31 所示。在完成相关调整后，在 WorldBuilder 工具栏中鼠标左键单击 Save，选择 Save 保存，如图 3-32 所示，可以通过单击 Preview，查看参数更改之后的仿真效果。

图 3-30　随机交通流为 10 效果图

图 3-31　随机交通流为 100 效果图

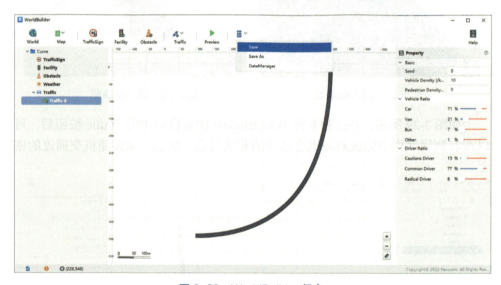
图 3-32　WorldBuilder 保存

3.9.4　主车及干扰车

添加被测车辆：在界面上方工具栏中单击 Ego Car 按钮，选择您所需要的被测车辆。选择 C_Class_Sedan，按住鼠标左键将其拖动到试验道路上，如图 3-33、图 3-34 所示。与此同时，用户可以对车辆初始位姿、速度等参数进行调整，如图 3-35 所示。

第 3 章 智能驾驶 HIL 测试环境仿真

图 3-33 测试主车选择

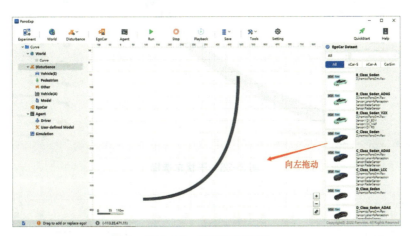

图 3-34 被测车辆放置

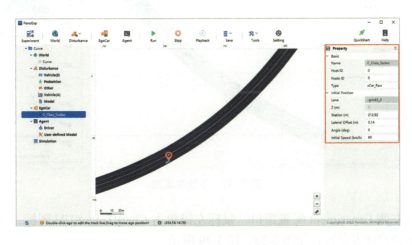

图 3-35 被测车辆参数配置界面

添加其他参与车辆：在界面上方工具栏中单击 Disturbance 按钮，选择 Vehicle（S），在右侧弹出的属性栏中，选择您所需要的其他参与车辆，例如，选择 CheryTiggoSUV，按住鼠标左键将其拖动到场地道路中，道路和车道具有编号参数。此外，用户可以对车辆初始位姿和速度等参数进行调整。试验中，车辆 CheryTiggoSUV 所在车道编号为 Lane ID：-gneE3_0，Station：250.00，Lateral Offset：0.00，其他参数采用默认设置，摆放位置效果如图 3-36、图 3-37 所示。

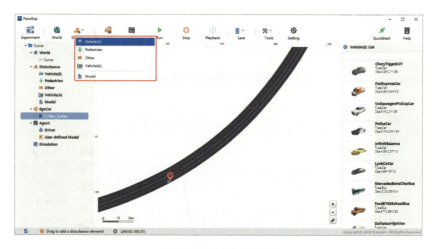

图 3-36　干扰车选择

图 3-37　干扰车添加

在左侧 Experiment 配置窗口，鼠标左键单击 CheryTiggoSUV 图标，可以实现对车辆速度表设置，如图 3-38、图 3-39 所示。

第 3 章 智能驾驶 HIL 测试环境仿真

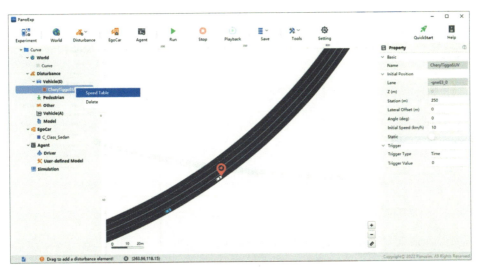

图 3-38 干扰车速度表选择界面

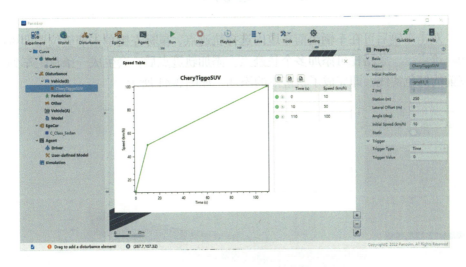

图 3-39 干扰车速度表设置

3.9.5 预设轨迹

在 PanoExp 界面，单击鼠标左键，选择您所需要的被测车辆 C_Hatchback_Demo，在工作区车辆 C_Hatchback_Demo 图标上双击鼠标左键，地图界面会出现一条绿色粗路径和一条蓝色虚线，移动鼠标到期望位置，单击空白地图上的区域，即可完成轨迹点的选取，按下 Esc 键即可完成车辆轨迹编辑。同理，干扰车可以完成相关操作，每次完成相关操作后单击 Data 下的 Save 进行保存，如图 3-40 所示。

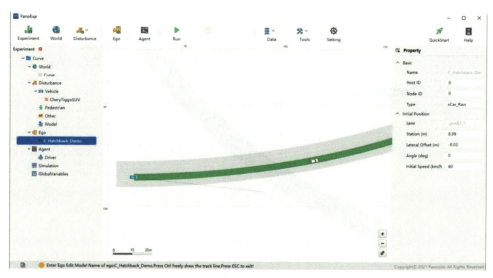

图 3-40 轨迹设置界面（一）

双击车辆后可在车辆当前车道内选择轨迹点，鼠标左键单击期望位置即可添加轨迹点，一条路径可添加多个轨迹点。添加轨迹点后，会生成一条从主车到轨迹前的红色实线，即完成了轨迹点的添加，如图 3-41 所示。

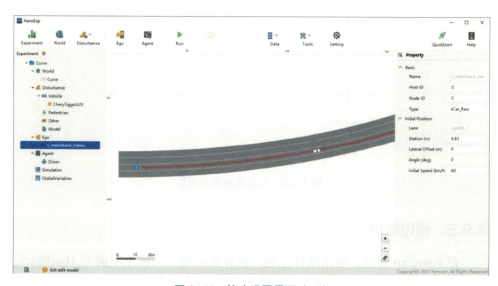

图 3-41 轨迹设置界面（二）

轨迹设置完成后按 Esc 键即可退出轨迹编辑模式并保存轨迹。

PanoSim 还提供了变道轨迹设置，在选取轨迹点的过程中按住 Ctrl 键即可选取其他车道的轨迹点，生成变道轨迹，如图 3-42 所示。

第 3 章　智能驾驶 HIL 测试环境仿真

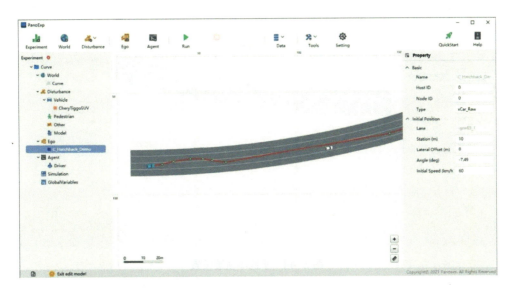

图 3-42　变道轨迹设置示意图

双击工作区被测车辆图标，单击图中绿色圆圈，单击红叉即可完成某段轨迹的删除，如图 3-43 所示。

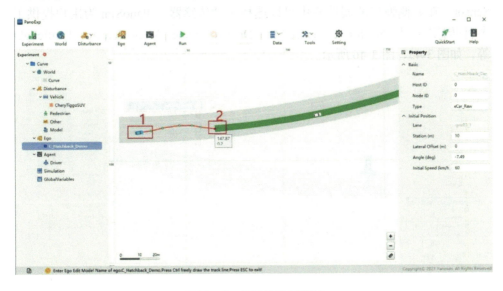

图 3-43　修改轨迹示意图

干扰车轨迹设置操作步骤与被测车辆相同，设置完成后，干扰车的轨迹线为黄色实线，如图 3-44 所示。

89

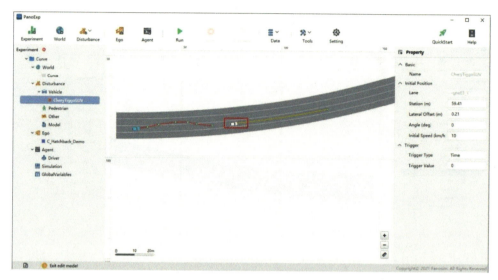

图 3-44 干扰车轨迹设置

3.9.6 添加传感器

在 PanoExp 界面工具栏中，单击 Tool 中的 SensorBuilder，转到 SensorBuilder 界面，在 SensorBuilder 操作界面中，选择 SimpleVehicle，在工具栏中单击 Sensor，在右侧弹出的属性栏中可以选择多种传感器。PanoSim 为用户提供了多种传感器，例如 MonoCamera、MonoDetector_Lane、MonoDetector_Trafficlight 等，如图 3-45、图 3-46 所示。

图 3-45 SensorBuilder 选择界面

第 3 章　智能驾驶 HIL 测试环境仿真

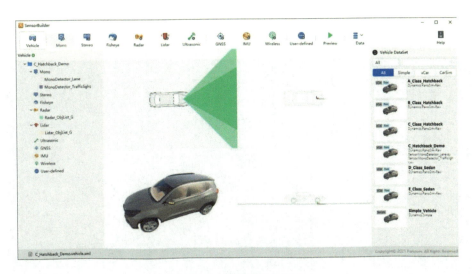

图 3-46　传感器选择界面

3.9.7　加载算法脚本

用户单击"Agent"后，可以在右侧区域将外部脚本文件拖动到中间二维动画区域，以运行脚本文件，如图 3-47 所示。

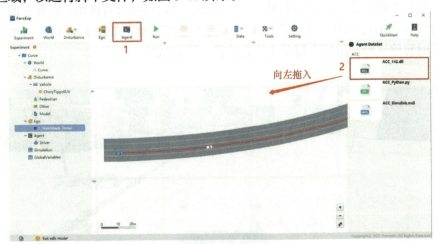

图 3-47　算法脚本拖入界面

3.9.8　编译试验

PanoSim 基本思想是在图形用户界面（GUI）中建立试验，在 PanoExp 界面工具栏中单击 Run 按钮，系统会自动进行编译，运行试验，如图 3-48 所示。

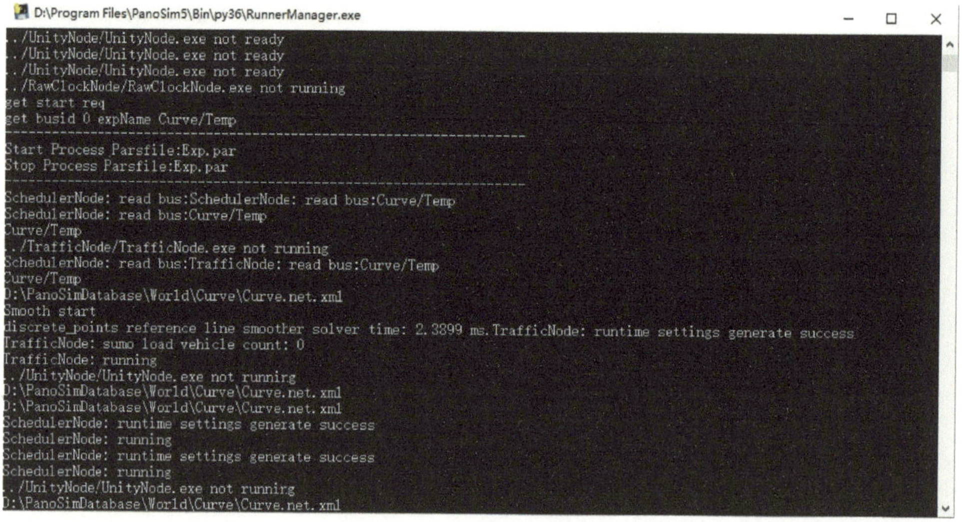

图 3-48　编译试验界面

3.9.9　运行试验

鼠标左键单击仿真动画左侧第一个按钮，可以切换查看视角，鼠标左键单击播放按钮，运行试验，此时该按钮图标变为暂停图标，如图 3-49 所示。用户可以随时暂停试验。鼠标左键单击终止按钮，结束试验。

图 3-49　试验运行界面

3.9.10 保存试验

鼠标左键单击工具栏 Data 后的 Save As，在弹出的输入框中编辑试验名，例如 MyExperiment，如图 3-50 所示。

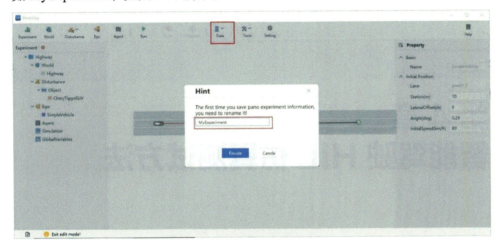

图 3-50　保存试验界面

Chapter 04

第 4 章
智能驾驶 HIL 仿真测试方法

4.1 测试用例设计与生成

在设计和生成适当的测试用例以覆盖智能驾驶系统各个方面时,首先需要明确测试目标和要求。智能驾驶系统作为一个复杂的整体,涵盖了感知、决策和控制等多个关键模块,因此测试的全面性和有效性至关重要。

4.1.1 确定测试目标和范围

确定测试目标和范围是软件测试中至关重要的第一步,它为整个测试过程提供了明确的方向和基准。在智能驾驶系统的测试中,这一步尤为重要,因为智能驾驶系统涉及多个模块和功能,覆盖了感知、决策、控制等多个关键领域。因此,确定测试目标和范围需要综合考虑以下几个因素,以确保测试的准确性和有效性。

首先,测试目标必须与智能驾驶系统的实际需求和预期功能一致。这意味着测试的重点应当集中在系统应该实现的核心功能上,例如环境感知、路径规划、车辆控制等。通过仔细分析需求文档和设计规范,可以明确测试目标,以确保系统在各个方面的表现符合预期。

其次,测试目标的设定需要综合考虑系统的安全性、性能、可靠性等不同维度。在智能驾驶系统中,安全性是至关重要的,因此测试目标应当包括系统在不同交通场景下的安全性能验证。性能方面,测试目标可以包括系统的实时性、响应速度、计算资源使用等。同时，可靠性测试应当验证系统在各种异常情况下的表现，以确保系统能够正确处理故障和障碍。

再次，测试目标的设定还需要考虑不同的使用场景和环境。智能驾驶系统可能在城市道路、高速公路、恶劣天气等不同情况下运行，因此测试目标应当涵盖这些不同的使用场景。这将确保系统在各种环境中的适应性和可靠性，从而为真实世界的驾驶情况作好准备。

最后，确定测试范围也是至关重要的。在智能驾驶系统中，不可能覆盖所有的功能和模块，因此需要明确哪些部分需要被测试，哪些部分不需要。根据需求优先级、关键功能和系统架构，确定测试的边界，确保测试的有效性和可行性。

4.1.2 识别关键功能和模块

在明确测试目标后，需要识别智能驾驶系统中的关键功能和模块。这可能包括传感器数据处理、物体检测与跟踪、路径规划、车辆控制等。每个功能和模块都应该成为测试用例设计的重要考虑因素。

首先，从系统需求和设计文档中明确出每个模块的功能和任务。感知模块负责从传感器获取环境信息，决策模块负责根据环境信息做出驾驶决策，控制模块负责执行决策并控制车辆。除此之外，还可能包括路径规划、人机界面等功能。在识别关键功能和模块时，要根据系统设计的层次结构和功能分解，准确理解每个模块的作用和重要性。

其次，根据系统的核心任务和关键功能，确定哪些模块对系统的性能和安全性至关重要。通常情况下，感知和决策模块被认为是智能驾驶系统的核心，因为它们负责从环境中获取信息和做出决策，直接影响着车辆的行为。在感知模块中，识别障碍物、车道线、信号灯等是关键任务；在决策模块中，路径规划、与其他车辆的交互等是关键任务。

再次，考虑系统的安全性和容错性，识别哪些模块需要特别关注。例如，感知模块需要能够准确地识别和跟踪其他车辆、行人以及交通标志，决策模块需要能够做出安全且合理的驾驶决策，控制模块需要确保车辆按照预定路径进行准确控制。

最后，根据系统的设计架构，还要考虑模块之间的相互作用和依赖关系。如果某个模块的输出直接影响到其他多个模块，那么它的正确性和稳定性尤为重要。在系统设计中，模块之间的交互通常需要考虑通信和数据传递等方面的问题。

4.1.3 使用场景模拟

根据系统设计文档和使用场景，设计多样化的场景来模拟不同交通环境、道路类型、天气条件等。例如，城市街道、高速公路、复杂路口等不同场景都需要涵盖，以验证系统在各种情况下的适应能力。

首先，场景模拟能够覆盖系统在真实道路上可能遇到的各种情况。这包括城市街道、高速公路、乡村道路等不同类型的道路，以及白天、夜晚、雨天、雪天等不同的天候条件。通过模拟这些不同的使用场景，可以验证系统在各种环境下的感知、决策和控制能力，确保系统能够应对多样化的驾驶情况。

其次，场景模拟能够复现特定的交通情景，以评估系统在复杂交通环境中的性能。这包括模拟交叉路口、环形交叉口、路口交通灯等情况，以及与其他车辆、行人等交通参与者的互动。通过模拟这些复杂的交通情景，可以验证系统的决策和控制是否能够在复杂交通流中安全、高效地运行。

再次，场景模拟还能够测试系统对不同交通事件的响应能力。例如，模拟突然冒出的障碍物、紧急制动、前车突然变道等情况，以验证系统是否能够及时识别危险并做出合适的决策。这种测试能够评估系统在紧急情况下的反应速度和避险能力。

最后，使用场景模拟还可以评估系统对于复杂路况的应对能力。这包括模拟繁忙的城市交通、拥堵的高速公路、狭窄的山路等情况，以验证系统在不同路况下的自主驾驶性能。通过这些模拟，可以发现系统在不同路况下的潜在问题，并进行相应的优化和改进。

4.1.4 考虑异常情况和边界值

在设计测试用例时，必须考虑异常情况和边界值。这可以通过等价类划分和边界值分析来实现。例如，测试系统在低能见度下是否能够正确响应，或者在不同车速下是否能够稳定跟踪车辆。

首先，异常情况测试涵盖了系统对于不正常情况的响应能力。这可能包括传感器数据的失效、通信中断、传感器故障等情况。通过模拟这些异常情况，可以验证系统是否能够正确识别问题并采取适当的措施。例如，在传感器故障的情况下，系统应该能够切换到备用传感器，以保证对环境的感知不受影响。

其次，边界值测试旨在测试系统在输入域的边界条件下的表现。智能驾驶系统的各个模块和算法可能在不同范围内进行操作，因此在边界情况下的正确性尤为重要。例如，对于速度控制算法，测试需要包括最小速度、最大速度、速度的临界值等情况，以确保系统在边界条件下的稳定性。

再次，异常情况和边界值测试还可以涵盖系统的容错性和安全性。在实际驾驶中，可能会出现极端情况，例如突然冒出的障碍物、紧急制动等。测试用例应该模拟这些情况，以验证系统是否能够及时识别并采取正确的驾驶决策，确保车辆和乘客的安全。

最后，考虑不同的环境和交通情况，边界值测试还需要涵盖不同交通场景下的异常情况。例如，在雨天、雪天等恶劣气候条件下，车辆的行为可能受到限制，系统应该能够相应地做出调整。

4.1.5 注入故障和障碍物

为了验证系统的容错性，可以设计用例注入传感器故障、通信中断等异常情况，以及模拟道路上的障碍物、行人等，以确保系统在不同情况下能够安全地做出决策和避免障碍。

首先，传感器故障注入是为了测试系统对传感器失效的响应。传感器在智能驾驶系统中起着关键作用，例如摄像头、激光雷达等用于感知周围环境。通过模拟传感器故障，可以验证系统是否能够切换到备用传感器，以保持对环境的感知。例如，当摄像头失效时，系统应该能够依靠其他传感器来获取环境信息，确保车辆行驶的安全性。

其次，通信中断注入是为了测试系统在与外部通信中断的情况下的表现。智能驾驶系统通常需要与其他车辆、基础设施和云服务器进行通信，以获取实时信息和更新。通过模拟通信中断，可以验证系统是否能够继续安全运行，即使失去了与外部的连接。系统应该能够根据预设的策略做出决策，而不会因为通信中断而陷入危险。

再次，注入障碍物和突发情况是为了测试系统的应急反应能力。在实际驾驶中，道路上可能突然冒出障碍物、行人、其他车辆等，智能驾驶系统需要能够及时识别并采取适当的措施。通过模拟这些突发情况，可以验证系统的感知、决策和控制能力，确保系统在紧急情况下能够做出正确的驾驶决策，避免碰撞和危险。

最后，注入故障和障碍物还能够评估系统的预警和警示功能。在系统遇到故障或者障碍物时，是否能够及时向驾驶员发出警告，以便驾驶员能够采取适当的行动。这涉及人机交互界面的设计和测试，确保驾驶员能够理解系统的状态并做出相应的反应。

4.1.6 生成路径和轨迹

对于路径规划和轨迹跟踪的测试，设计测试用例以覆盖不同道路拓扑、转弯角度、车道变更等情况。确保系统能够生成安全且合理的路径，并准确地跟踪预定轨迹。

首先，路径规划是智能驾驶系统的核心功能之一，它决定了车辆如何在复杂的交通环境中安全、高效地行驶。测试用例设计应涵盖不同道路类型，如城市街道、高速公路、山路等，以验证系统是否能够根据不同道路类型生成适当的行驶路径。此外，考虑到不同的交通情况，如交叉路口、环形交叉口等，测试用例还应模拟不同的路口情况，以验证系统在路口附近的路径规划能力。

其次，轨迹跟踪是确保车辆能够按照规划路径进行准确移动的关键。测试用例应考虑不同的转弯角度、车道变更、车速变化等情况，以验证系统在实际驾驶中是否能够准确地跟踪预定的轨迹。例如，在急转弯的情况下，系统应该能够适时减速并调整方向，确保车辆稳定通过弯道。

再次，测试用例还可以涵盖复杂的驾驶情况，如多车道并行、车流密集、前车制动等。这些情况将考验系统的决策和控制能力，以及对其他车辆行为的准确预测。通过模拟这些复杂驾驶情况，可以验证系统是否能够根据实际道路情况做出适当的驾驶决策，确保车辆的安全行驶。

最后，路径规划和轨迹跟踪测试还需要考虑系统的实时性和稳定性。智能驾驶系统需要实时感知并响应道路环境的变化，确保车辆能够根据最新信息做出正确的决策。测试用例应模拟不同的路况变化，以验证系统在实时性和稳定性方面的表现。

4.1.7 考虑人机交互

智能驾驶系统可能需要与驾驶员进行交互，例如提供警告、指示或请求干预。设计测试用例以验证系统的人机交互界面是否清晰、易懂，并测试驾驶员对系统的响应。

首先，界面设计是人机交互的基础，测试用例需要评估系统的人机界面是否清晰、易懂。这包括显示在车辆仪表板、中控屏幕或抬头显示（HUD）上的信息和图标。测试用例应模拟不同的驾驶情况，如城市驾驶、高速驾驶等，以验证界面在不同驾驶场景下的可用性和可读性。

其次，测试用例还应涵盖系统向驾驶员提供警告和指示的情况。例如，在紧急制动、障碍物突然出现等情况下，系统应该能够及时向驾驶员发出警告，引起驾驶员的注意。测试用例可以模拟这些情况，以验证系统的警告和指示是否能够有效地传达风险和指示。

再次，测试用例还需要考虑驾驶员与系统的互动方式。智能驾驶系统可能需要驾驶员在特定情况下进行干预或确认，例如在系统需要求助时或出现异常情况时。测试用例应模拟这些互动场景，以验证驾驶员对系统的响应是否正确、及时。例如，在系统请求驾驶员干预时，驾驶员应该能够在适当的时间内做出反应，避免潜在的危险。

最后，人机交互测试还需要考虑驾驶员的认知负荷。智能驾驶系统可能在复杂交通环境中运行，系统向驾驶员提供的信息和指示应该不会造成驾驶员的信息过载。测试用例可以模拟多任务驾驶情况，以验证驾驶员在处理系统信息的同时能否保持对道路的关注。

4.1.8　性能评估

测试用例设计还需要考虑性能评估，包括系统的响应时间、计算资源使用情况等。测试用例应涵盖不同负载下的性能测试，以确保系统在实时性和资源管理方面的表现。

首先，实时性是智能驾驶系统的关键性能指标之一。测试用例设计需要涵盖不同的驾驶情况，如低速行驶、高速行驶、紧急制动等，以验证系统是否能够在各种情况下实时感知并响应道路环境的变化。系统的实时性直接影响着驾驶决策和控制的准确性，因此在性能评估中至关重要。

其次，响应速度是另一个重要的性能指标。智能驾驶系统需要迅速做出驾驶决策并执行控制，以应对突发情况和交通变化。测试用例应涵盖不同的驾驶场景，如紧急制动、避让障碍物等，以验证系统的响应速度是否能够满足实际驾驶的需求。

再次，计算资源使用是性能评估的一个重要方面。智能驾驶系统通常需要处理大量的感知数据和计算任务，测试用例需要模拟多任务场景，以验证系统在高负载情况下的性能表现。测试还可以涵盖不同的计算平台，如嵌入式系统、云服务器等，以评估系统在不同环境下的计算资源使用情况。

最后，能耗也是一个需要考虑的性能指标。智能驾驶系统的能耗直接关系到电池寿命和车辆的可持续驾驶能力。测试用例可以模拟长时间驾驶、不同工作负载等情况，以验证系统在不同使用情况下的能耗水平。

4.2　系统配置与准备

4.2.1　硬件设置

硬件设置的关键任务之一是确保仿真平台与实际硬件的正确连接。这包括各种传感器、电子控制单元（ECU）等硬件元素的物理连接。传感器，如激光雷达、毫米波雷达、摄像头等，是智能驾驶系统的关键感知组件。这些传感器需要被正确地安装在仿真平台上，并与相应的接口相连。此外，控制器硬件，即实际驾驶系统的ECU，也需要被正确地连接到仿真平台，以确保仿真测试能够有效地与实际系统进行通信。

连接的正确性直接关系到测试的可靠性和实效性。如果传感器的连接出现问题，将会导致仿真环境无法准确地模拟实际驾驶场景，从而影响测试结果的准确性。因此，在硬件设置阶段，要进行详尽的检查，确保所有硬件元素都正确连接，没有松动或错误的接线。

硬件设置还包括对传感器、ECU等硬件元素的实际状态进行验证。这不仅包括硬件的正常工作状态，还包括硬件的基本参数设置。例如，传感器的校准是硬件设置中一个至关重要的环节。在激光雷达、摄像头等传感器中，确保它们的校准参数准确无误，可以更好地模拟真实世界中的感知情况，提高测试的真实性。

在传感器的校准中，还需要考虑不同环境条件对传感器性能的影响。例如，激光雷达在不同光照条件下的性能可能存在差异，因此需要根据实际测试场景进行适当的参数设置。这种环境适应性的硬件设置，有助于提高仿真测试的逼真度，使其更贴近实际驾驶情境。

控制器硬件的初始化也是硬件设置的一个关键任务。控制器硬件是智能驾驶系统的决策和控制中枢，因此它的正常启动和初始化至关重要。在硬件设置阶段，需要验证控制器硬件能够正确地响应仿真环境中的输入信号，并能够通过实时通信链路与仿真平台进行有效的交互。这确保了仿真测试能够准确地模拟驾驶决策和控制过程，为系统性能的评估提供了可靠的基础。

硬件设置的最后一步是确保不同硬件元素之间的协同工作。传感器、ECU以及其他控制硬件需要协同配合，实现信息的传递和系统的协同运行。硬件的协同工作能力直接关系到仿真环境与实际系统的同步性，这是 HIL 仿真测试的一个重要指标。

4.2.2 仿真环境设置

在进行仿真环境设置时，需要关注车辆动力学模型、传感器模型以及道路和交通场景等多个方面。

首先，车辆动力学模型的准确配置是仿真环境设置的基础。这个模型描述了车辆在仿真环境中的行为，包括加速、制动、转向等。动力学模型的精准性直接关系到仿真测试的真实性，因此需要根据实际驾驶系统的特性，设置车辆的动力学参数。例如，不同类型的车辆（轿车、货车、电动车等）在仿真环境中的行为可能会有所不同，因此需要根据实际情况进行适当的调整和配置。

其次，传感器模型的准确配置是仿真环境中的另一个重要任务。激光雷达、毫米波雷达、摄像头等传感器是智能驾驶系统的感知部分，因此需要在仿真环境中准确地模拟它们的工作原理和输出。这包括传感器的感知范围、分辨率、噪声模型等参数的配置。传感器模型的真实性和准确性对于测试系统的感知和决策算法具有重要影响，因此需要根据实际传感器的性能特征进行合理配置。

在传感器模型的配置中，还需要考虑传感器在不同环境条件下的性能变化。例如，激光雷达在雨雪天气中的工作性能可能会受到影响，因此需要在仿真环境中设置相应的环境条件，以评估系统在各种天气条件下的性能。这种环境适应性的配置有助于系统更好地适应不同的实际驾驶场景。

除了车辆动力学模型和传感器模型，道路和交通场景的配置也是仿真环境设置中的一个关键步骤。在仿真环境中，道路的布局、道路标线、交通标志、其他车辆等元素都需要被精确地建模。这要求仿真环境能够还原真实世界中的驾驶场景，包括城市、高速公路、乡村等多种道路类型。通过配置多样化的道路和交通场景，系统可以在仿真中模拟各种驾驶情境，从而更全面地评估智能驾驶系统的性能。

在道路和交通场景的配置中，还需要考虑仿真环境的动态性。交通流、行人、其他车辆的运动行为都需要在仿真中得到合理的模拟。这种动态性的配置有助于系统更好地适应真实世界中的复杂交通状况，提高仿真测试的逼真度。

4.3 传感器与控制器初始化

4.3.1 传感器初始化

传感器初始化涉及确保激光雷达、毫米波雷达、摄像头等传感器在仿真环境中正确启动并能够模拟真实的感知情境。传感器是智能驾驶系统的核心组成部分，它们负责感知周围环境，提供关键的信息给决策和控制系统。

激光雷达是智能驾驶系统中常用的传感器之一，它通过发射激光束并测量返回的反射光来获取周围环境的距离信息。在仿真环境中，激光雷达的初始化包括确保激光发射和接收单元正常工作。这需要模拟激光束的发射过程，并根据设定的参数（如激光频率、功率等）生成模拟的激光雷达数据。通过在仿真环境中初始化激光雷达，系统能够模拟真实驾驶中的距离测量，为后续的感知算法提供准确的输入。

雷达作为另一种常见的感知传感器，在仿真环境中同样需要被正确初始化。雷达通过发送无线电波并接收其反射来检测周围物体的位置和速度。在传感器初始化过程中，需要确保仿真环境中生成的雷达数据具有逼真的物体探测效果。这包括模拟雷达的波束形状、角度分辨率以及检测到的目标的位置和速度等信息。通过对雷达的准确初始化，系统可以在仿真中模拟不同天气条件下的雷达性能，评估智能驾驶系统在各种复杂场景下的感知能力。

摄像头作为视觉感知的重要手段，其初始化涉及模拟摄像头对环境的图像采集。在仿真环境中，摄像头的初始化需要考虑多个方面，包括图像分辨率、曝光时间、光照条件等。模拟摄像头的初始化过程包括生成真实场景的虚拟图像，确保图像质量和细节能够满足智能驾驶系统对于图像识别和分析的需求。通过对摄像头的准确初始化，系统能够提供真实的视觉输入，使智能驾驶系统能够在仿真环境中进行准确的图像处理和目标识别。

4.3.2 控制器初始化

控制器初始化需要确保控制器硬件,即电子控制单元(ECU),能够在仿真环境中正确启动并有效地与仿真平台进行通信。控制器在智能驾驶系统中扮演着关键的角色,负责决策和控制车辆的行为。

控制器初始化的一个关键方面是加载和启动相应的控制算法和策略。在实际车辆中,ECU内部嵌入了特定的控制软件,用于处理传感器数据、执行控制算法以及生成相应的控制指令。在仿真环境中,需要确保相应的控制算法和策略能够在仿真平台上被加载和正确执行。这可能涉及模拟实际车辆中的处理器和内存等硬件资源,以确保仿真环境与实际硬件的一致性。

控制器初始化还包括建立与仿真平台的实时通信链路。这是确保仿真环境与控制器硬件能够实时交互的关键步骤。在仿真测试中,控制器需要接收仿真环境中模拟的传感器数据,并实时生成相应的控制指令。同时,控制器硬件的状态信息也需要实时传递回仿真环境,以便进行系统性能的监控和记录。因此,在控制器初始化阶段,需要验证实时通信链路的稳定性和可靠性,确保数据能够在仿真环境和实际硬件之间实时传递。

控制器初始化还包括确保仿真环境中的控制器硬件能够正确响应仿真测试中的输入信号。这包括来自仿真环境的传感器模拟数据、车辆动力学模型的反馈等。控制器需要能够实时处理这些输入信号,执行相应的控制策略,并生成准确的控制指令。通过对控制器硬件的准确初始化,系统可以在仿真环境中模拟真实车辆的控制过程,为后续的仿真测试提供可靠的控制输入。

控制器初始化还可能包括对控制器硬件的参数校准。在实际车辆中,控制器硬件的性能可能会受到温度、电压等环境因素的影响,因此在仿真环境中也需要考虑这些因素。校准控制器硬件的参数,确保其在仿真环境中的行为与实际车辆中一致,是保证仿真测试结果准确可靠的一项工作。

4.4 实时通信和数据交换

4.4.1 通信链路测试

通信链路测试需要确保仿真环境与控制器硬件能够稳定、可靠地进行实时的数据传递和交换,以模拟真实车辆中传感器数据到达控制器、控制指令传递到执行单元的过程。

通信链路测试需要验证实时通信的稳定性。在仿真测试中,传感器数据通常由仿真环境模拟产生,并通过实时通信链路传递给控制器硬件。控制器生成的控制指令也通过同一通信链路实时传回仿真环境。因此,通信链路的稳定性直接关系到仿真测试中传感器数据和控制指令的实时性。通过模拟实际驾驶中数据的快速传递，测试确保通信链路能够在仿真环境和实际硬件之间实现低延迟和高可靠性的数据传输。

通信链路测试需要考虑通信的实时性。在智能驾驶系统中，对实时性的要求极高，因为控制系统需要根据最新的传感器数据迅速做出决策和控制车辆。在仿真环境中，传感器数据的模拟和传递，以及控制指令的生成和传回，需要在与实际时间同步的情况下进行。通过通信链路测试，可以验证仿真环境是否能够与控制器硬件实现精确的实时同步，确保仿真测试的结果与实际车辆运行情况保持一致。

通信链路测试还需要考虑数据的准确性。传感器数据在传递到控制器硬件之前，需要在仿真环境中准确地模拟。这包括模拟传感器的感知范围、噪声、分辨率等特性。测试确保仿真环境生成的传感器数据具有足够的准确性，能够为控制器硬件提供真实世界中的感知信息。同样，控制指令在传回仿真环境后，也需要准确地反映控制器硬件的输出。通过通信链路测试，系统可以验证仿真环境与实际硬件之间的数据交换准确无误。

在进行通信链路测试时，还需要考虑通信链路的容错性。在实际驾驶中，通信链路可能受到各种干扰和故障，例如信号丢失、噪声干扰等。仿真环境中的通信链路测试需要模拟这些可能的干扰情况，确保系统能够在不同的通信故障条件下依然保持稳定的运行。这有助于提高系统的鲁棒性，使其能够在复杂的现实环境中可靠地运行。

通信链路测试还需要考虑通信的安全性。在智能驾驶系统中，车辆的传感器数据和控制指令都是敏感的信息，需要确保在传输过程中不被未经授权的访问。通信链路测试需要验证仿真环境与实际硬件之间的通信是否采用了合适的安全机制，以保障系统在测试过程中的数据安全性。

4.4.2　数据交换测试

数据交换测试需要验证传感器数据在仿真环境和控制器硬件之间的传递。在智能驾驶系统中，传感器如激光雷达、毫米波雷达、摄像头等负责感知周围环境，产生大量的感知数据。通过数据交换测试，系统需要模拟这些传感器数据的生成，并确保在仿真环境与实际硬件之间能够准确传递。这包括验证数据的传递速率、格式、精度等方面，确保仿真环境产生的传感器数据能够被控制器硬件正确解读和处理。

数据交换测试还需验证控制指令从控制器硬件传回仿真环境的过程。在智能驾驶系统中，控制器硬件根据感知数据生成相应的控制指令，用于操控车辆。通过数据交换测试，系统需要模拟这些控制指令的生成，并确保在仿真环境与实际

智能驾驶硬件在环仿真测试与实践

硬件之间能够实时传回。这包括验证数据的传递速率、格式、精度等方面，确保仿真环境能够准确接收和处理来自控制器硬件的控制指令。

数据交换测试需要考虑数据的一致性。在仿真环境和控制器硬件之间，数据的一致性直接关系到仿真测试结果的可靠性。通过数据交换测试，系统需要验证仿真环境中产生的传感器数据与实际车辆中感知到的数据一致，确保控制器硬件生成的控制指令在仿真环境和实际系统中产生相似的效果。这有助于提高仿真测试的可信度，使测试结果更具实用性。

数据交换测试还需要考虑数据的容错性。在实际驾驶中，数据传输可能受到各种干扰和故障的影响，例如信号丢失、噪声干扰等。仿真环境中的数据交换测试需要模拟这些可能的干扰情况，确保系统在不同的数据传输异常条件下依然能够保持稳定的运行。这有助于提高系统的鲁棒性，使其能够在复杂的现实环境中可靠地运行。

4.5 场景和用例加载

场景和用例加载涉及将各种驾驶场景和测试用例加载到仿真环境中，以确保系统在不同条件下的性能和稳定性。这一过程包括场景模型、道路结构、交通流、天气条件等多个方面的设置，以模拟真实的驾驶场景和情境。

场景和用例加载的一个关键方面是场景模型的准备。在仿真环境中，场景模型用于描述车辆周围的环境，包括道路、建筑、交通标志、道路标线等。测试用例可能涉及城市驾驶、高速公路驾驶、乡村道路驾驶等多种场景，因此场景模型的准备需要考虑多样性和真实性。通过加载不同的场景模型，系统可以在仿真中模拟各种驾驶环境，为智能驾驶系统在不同场景下的性能提供全面的评估。

道路结构是场景和用例加载的另一个重要方面。道路结构包括道路的曲率、坡度、车道数目等信息。测试用例可能需要在不同类型的道路上进行，例如在蜿蜒的山路、宽阔的高速公路、繁忙的城市街道等。通过加载不同的道路结构，系统可以模拟车辆在不同道路条件下的行驶，评估其对道路结构变化的适应性和稳定性。

交通流是场景和用例加载中需要考虑的因素之一。交通流模型可以包括其他车辆的运动行为、速度、车辆间的距离等信息。测试用例可能需要在不同的交通流条件下进行，例如繁忙的交叉口、高速公路上的车流等。通过加载不同的交通流模型，系统可以评估智能驾驶系统在复杂交通场景下的感知和决策能力。

天气条件也是场景和用例加载中的一个关键因素。天气条件模型可以包括雨雪天气、雾天、晴天等不同的气象条件。测试用例可能需要在不同的天气条件下进行，以评估系统在恶劣天气下的性能。通过加载不同的天气条件，系统可以模拟真实世界中的各种气象状况，测试智能驾驶系统在不同天气条件下的感知和决策表现。

此外，加载测试用例还需要考虑不同的驾驶行为和用户行为。驾驶行为模型可以包括急转弯、紧急制动、变道等不同的驾驶动作。用户行为模型可以模拟驾驶员的操作，如转向盘转向、制动、加速等。测试用例可能需要覆盖不同的驾驶行为和用户行为，以评估系统对各种驾驶情境的响应能力。

4.6 系统校准和校验

4.6.1 传感器校准

传感器校准的准确性对系统的性能和安全性至关重要。传感器校准的目标是确保传感器提供的数据能够在仿真环境中准确、稳定地反映真实世界的情况。

传感器校准涉及激光雷达等距离感知传感器的距离校准。在实际驾驶中，激光雷达通过发送激光束并测量返回的反射光来获取周围环境的距离信息。在仿真环境中，激光雷达的模拟需要确保仿真环境生成的距离信息与实际情况一致。传感器校准可以包括调整激光雷达的发射频率、功率等参数，以确保生成的模拟数据准确反映实际距离。

雷达传感器的校准是传感器校准的另一方面。雷达通过发送无线电波并接收其反射来检测周围物体的位置和速度。在仿真环境中，雷达传感器的模拟需要确保生成的数据与真实雷达在不同天气、目标大小等条件下的性能相符。传感器校准可以涉及调整雷达的参数，如波束形状、发射功率等，以确保仿真数据的准确性和真实性。

摄像头在智能驾驶系统中用于图像识别和目标检测。传感器校准包括调整摄像头的内部参数，如焦距、畸变等，以确保生成的虚拟图像与真实场景一致。此外，光照条件、曝光时间等因素也需要进行校准，以模拟不同环境下的视觉感知性能。

在传感器校准过程中，还需要考虑传感器之间的协同工作。多个传感器在智能驾驶系统中通常同时工作，相互协同提供更全面的环境感知信息。因此，传感器校准不仅包括对单个传感器的调整，还需考虑传感器之间的相对位置、角度等关系，以确保它们在仿真环境中的协同工作和互补性。

传感器校准的另一方面是误差模型的建立和校验。误差模型用于描述传感

智能驾驶硬件在环仿真测试与实践

器测量值与实际值之间的偏差和不确定性。传感器校准需要对这些误差模型进行建模，并在仿真环境中进行校验。这包括通过实际测量数据与仿真数据的比较来验证误差模型的准确性，以确保仿真环境生成的数据能够反映传感器的真实性能。

最后，传感器校准还需要考虑时间和环境的变化。传感器在不同时间、不同环境条件下的性能可能存在变化，因此校准过程需要定期进行以保持准确性。在仿真环境中，模拟不同的季节、天气条件等变化，以确保传感器校准的鲁棒性和全面性。

4.6.2 控制器参数校准

控制器参数校准涉及调整电子控制单元（ECU）内部的参数，以确保智能驾驶系统的决策和控制算法在仿真环境中能够准确反映实际车辆的行为。

控制器参数校准包括调整车辆动力学模型的参数。车辆动力学模型用于描述车辆在不同驾驶条件下的运动行为，包括加速、制动、转向等。在仿真环境中，通过调整动力学模型的参数，可以确保模拟车辆在仿真测试中的行为与实际车辆一致。参数校准可能涉及车辆的质量、惯性矩阵、轮胎摩擦系数等因素，以使仿真车辆的运动响应与实际车辆尽可能接近。

控制算法负责根据传感器数据和车辆状态生成相应的控制指令，影响车辆的驾驶行为。在仿真环境中，需要通过校准控制算法的参数，以确保仿真车辆的行为与实际车辆一致。这可能涉及调整控制增益、积分时间常数、速度限制等参数，以使仿真系统能够准确模拟实际车辆的驾驶特性。

控制器参数校准还可能涉及硬件在环（Hardware-in-the-Loop）的校准。校准硬件在环可能包括调整通信参数、时钟同步、数据传输速率等，以确保仿真环境与实际硬件之间的实时性和稳定性。

传感器提供的数据是控制算法生成控制指令的基础，而控制指令又影响车辆的运动。在仿真环境中，需要调整传感器模型的参数，以确保生成的传感器数据能够准确地反映实际环境，并被控制算法正确解读。同时，还需要调整控制器的参数，以确保生成的控制指令能够在仿真环境中产生与实际车辆相似的驾驶行为。

控制器参数校准需要考虑仿真环境的实时性。实时性是指仿真环境生成的数据能够与实际硬件实时交互，确保系统能够在仿真过程中实时模拟不同驾驶场景下的行为。通过校准仿真环境的实时性，可以确保仿真测试结果的可靠性和准确性。

4.7 故障注入

故障注入旨在评估智能驾驶系统在面对各种故障情况时的可靠性和安全性。这种测试方法通过在仿真环境中注入不同类型和程度的故障,模拟真实世界中可能发生的故障场景,从而检验系统对这些故障的检测、诊断和应对能力。

故障注入的目标之一是评估系统对传感器故障的响应能力。传感器在智能驾驶系统中起到关键作用,提供车辆周围环境的感知数据。通过故障注入,可以模拟传感器可能出现的故障,例如激光雷达的部分失效、摄像头图像失真或丢失、雷达信号噪声等。这有助于评估系统对传感器故障的实时检测和处理能力,以及系统是否能够通过其他传感器或冗余系统进行故障容错。

控制器是智能驾驶系统的决策和控制核心,因此对其稳定性和鲁棒性的要求较高。通过故障注入,可以模拟控制器可能遇到的故障情况,如算法错误、控制指令传递错误等。这有助于评估系统在控制器故障情况下的紧急处理和恢复能力,以确保车辆在面对控制器故障时仍能保持安全行驶。

故障注入还考查了系统对执行单元(执行器)故障的应对能力。执行单元包括车辆的动力单元、制动单元等,是实际控制车辆行驶的关键组件。通过故障注入,可以模拟执行单元可能出现的故障,如发动机失效、制动系统故障等。这有助于评估系统对执行单元故障的紧急处理和安全控制能力,确保车辆在执行单元故障时能够采取有效的措施避免事故发生。

在实际驾驶中,车辆通过车载通信系统与云端服务、其他车辆进行信息交换。通过故障注入,可以模拟通信链路中可能发生的故障,如信号丢失、通信延迟、数据包损坏等。这有助于评估系统在通信链路故障情况下的容错性和恢复能力,以确保车辆能够在复杂的通信环境中依然安全行驶。

最后,故障注入考虑了车辆在不同环境条件下的故障应对能力。这包括模拟不同天气条件下的故障,如雨雪天气中传感器的性能下降,或者在夜间条件下传感器的灯光干扰等。通过注入这些环境相关的故障,可以评估系统在不同环境下的适应性和鲁棒性。

4.8 性能检测和记录

性能检测旨在评估系统在不同工作负载下的性能表现,确保系统能够在实际运行中满足性能要求。性能检测涵盖了系统的响应时间、计算效率、资源利用率等方面,而性能记录则用于详细记录性能数据,以便进一步分析和优化系统。

响应时间是指系统从接收输入到产生相应输出所需的时间。在智能驾驶系统中，响应时间的快慢直接影响系统对实时场景的感知和决策能力。性能检测通过模拟不同的输入条件，例如传感器数据的变化或控制指令的频繁变化，来评估系统在不同情境下的响应时间。这有助于确保系统在复杂驾驶场景中仍能保持足够的实时性，以确保安全性和可靠性。

  计算效率反映了系统在处理大量数据和执行复杂算法时的速度和效能。在智能驾驶系统中，大量的传感器数据需要被实时处理，同时复杂的决策算法也需要在有限时间内完成。性能检测通过引入大规模数据或增加计算负载，评估系统在高负荷情况下的计算效率。这有助于发现潜在的性能瓶颈，为系统的优化提供指导。

  性能检测还涉及系统的资源利用率。资源包括处理器、内存、存储等硬件资源，系统需要有效地利用这些资源以确保稳定运行。性能检测通过监测系统在不同负载下的资源利用率，评估系统的资源管理和分配能力。这有助于发现系统在处理大规模数据或执行复杂任务时可能出现的资源不足情况，为系统的优化提供参考。

4.9 基于 PanoSim 的循迹试验

  循迹指的是车辆在行驶过程中沿着预定路径或参考线精确行驶的能力。循迹是车辆智能驾驶系统中的一个重要功能，其主要包括航迹点的录制与使用以及车辆跟踪控制两部分。航迹点用于记录预设路径信息，其中包括坐标、速度、航向角等信息；车辆跟踪控制为在既有路径下，使用适当的控制算法控制车辆沿预设轨迹行驶。

4.9.1 测试模型构建

1. 测试道路

  如图 4-1 所示，在 PanoSim 中搭建循迹测试道路，场景描述见表 4-1。

表 4-1　循迹测试场景描述

参数	描述
天气	晴天
光照	白天
道路	十字交叉路口
交通	无交通流

第 4 章 智能驾驶 HIL 仿真测试方法

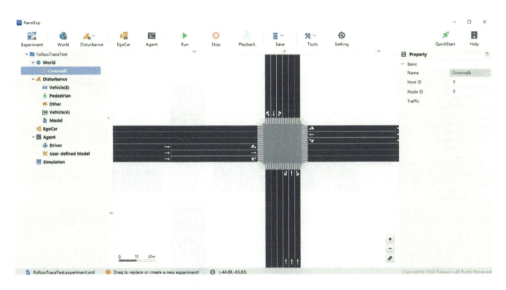

图 4-1 循迹测试道路

2. 主车及传感器

选择 PanoSim 官方车辆模型 C_Class_Sedan 为测试车辆,选取后拖入工作区,如图 4-2 所示。

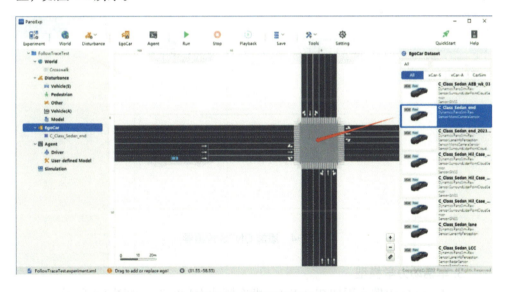

图 4-2 添加测试主车

鼠标右键单击主车,单击 Edit Sensor 编辑主车传感器,并添加 GNSS 传感器,如图 4-3、图 4-4 所示。

图 4-3 编辑主车传感器

图 4-4 添加 GNSS 传感器

3. 车辆动力学模型

在 Agent 库中搜索添加 Simulink，即车辆动力学模型，如图 4-5 所示。

4. 主车轨迹及运行模式

设置主车行驶轨迹，并在右侧的属性栏中设置主车的运行模式为 xCar_NI，如图 4-6 所示。

第 4 章　智能驾驶 HIL 仿真测试方法

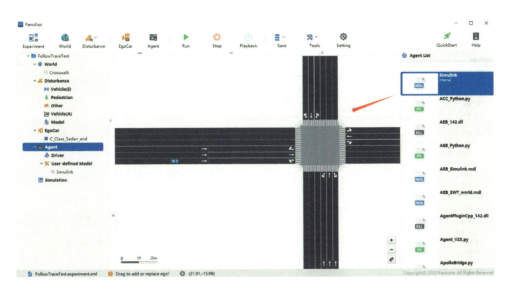

图 4-5　添加车辆动力学模型脚本

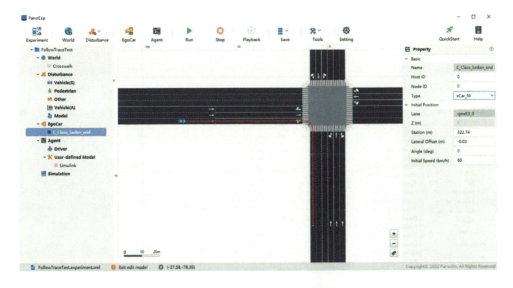

图 4-6　测试主车行驶轨迹及运行模式设置

5. 保存并运行试验

保存试验后单击上方工具栏中的 Run 即可运行试验，PanoSim 将在试验目录下自动生成 Simulink 车辆动力学模型以及 VeriStand 配置文件，如图 4-7、图 4-8 所示，这两个文件将在后面的接口映射中用到。此外，在弹出的窗口中将显示实时仿真的画面，如图 4-9 所示。

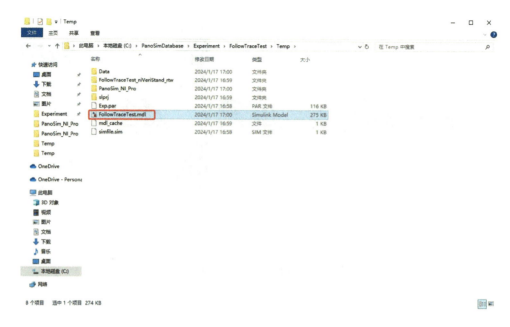

图 4-7　Simulink 车辆动力学模型

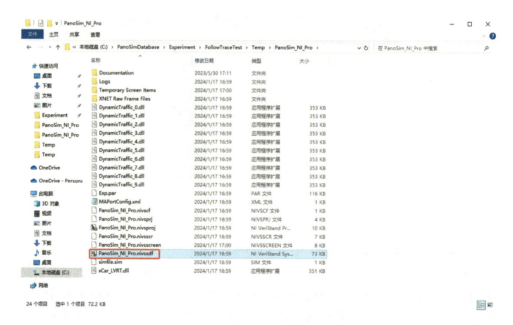

图 4-8　VeriStand 配置文件

图 4-9 循迹场景仿真画面

4.9.2 I/O 接口配置

1. 算法 I/O 接口添加

循迹试验中，仿真车辆的转向、加速及制动需要由算法控制，故需要在动力学模型中将车辆的转向、加速及制动改为由算法控制，即使用 NI VeriStand In 模块添加算法输出接口，如图 4-10 所示；输入接口方面，算法需要车身位姿数据以及 GNSS 经纬度数据，故使用 NI VeriStand Out 模块添加算法输入接口，如图 4-11 所示。完成 I/O 接口的添加后再次运行试验，PanoSim 会在 VeriStand 配置文件中生成仿真模型的输入输出端口。

2. CAN 设备配置

打开前文生成的 VeriStand 配置文件，在 XNET DataBase 中添加 CAN 通信协议，配置 CAN 的相关属性，包括波特率、CAN 端口、输入输出帧频率等，最后在 CAN 设备中添加对应的算法输入输出信号，类似图 4-12 所示。

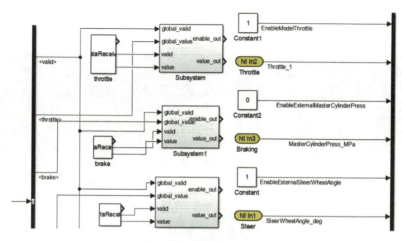

图 4-10　算法输出接口

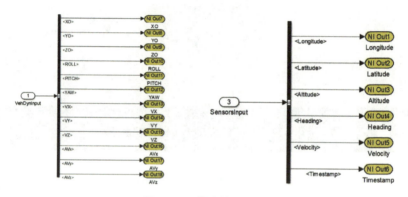

图 4-11　算法输入接口

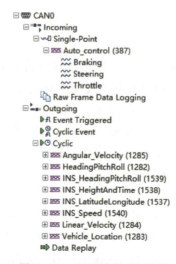

图 4-12　CAN 设备 I/O 信号

3. 配置接口映射

使用 Configure Mappings 工具，展开 Sources 和 Destinations 下的信号，Simulink 模型的 Outports 对应 CAN 设备的 Outgoing，CAN 设备的 Incoming 对应 Simulink 的 Inports，选中两个对应信号后，单击下方的 Connect 即可完成映射，配置后的映射关系如图 4-13 所示。

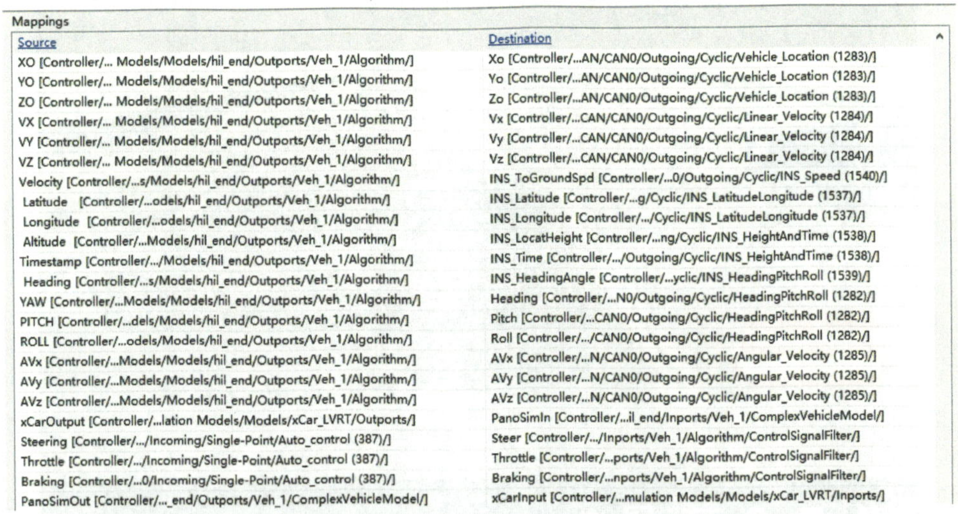

图 4-13 配置后的接口映射关系

4.9.3 轨迹点录制

1. 循迹起始点录制

在 PanoSim 中运行试验后，单击弹出窗口左下角的暂停键，如图 4-14 所示，同时，打开 Channel Data Viewer 工具，查看此时 GNSS 的经纬度数据，即为起始点的经纬度，如图 4-15 所示。在算法平台的 SDK 中搜索 nmea2tfpose.launch 文件，修改 base_lat 及 base_lon 参数，即初始点经纬度数据，如图 4-16 所示，修改后保存退出。

2. 录制循迹路径轨迹点

首先，在算法平台工作目录下打开命令终端，输入以下指令启动轨迹点录制功能。

```
bash launch_zhixf_waypoints_saver.sh
```

智能驾驶硬件在环仿真测试与实践

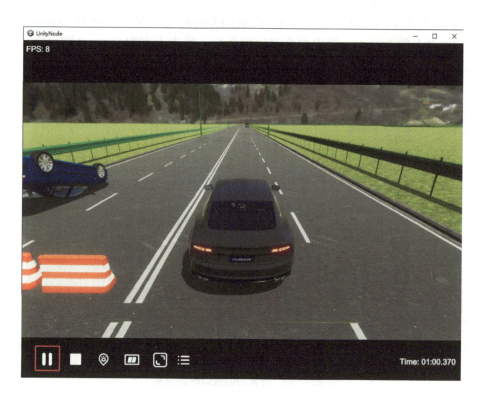

图 4-14 暂停试验

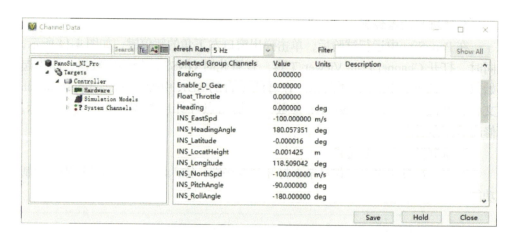

图 4-15 查看起始点经纬度数据

```xml
<!-- -->
<launch>
  <arg name="conv_type" default="0"/>
  <arg name="base_lat" default="-0.000016"/>
  <arg name="base_lon" default="118.509042"/>

  <arg name="right_hand_flag" default="true"/>
  <arg name="update_rate" default="20"/>

  <node pkg="gnss_localizer" type="nmea2tfpose" name="nmea2tfpose" output="screen">
    <param name="conv_type" value="$(arg conv_type)"/>
    <param name="base_lat" value="$(arg base_lat)"/>
    <param name="base_lon" value="$(arg base_lon)"/>
    <param name="right_hand_flag" value="$(arg right_hand_flag)"/>
    <param name="update_rate" value="$(arg update_rate)"/>
  </node>
</launch>
```

图 4-16　修改算法初始点经纬度

其次，重新运行 PanoSim 试验，在算法平台的 rviz 中可以看到车辆坐标开始变化并录制了位姿信息，如图 4-17 所示，PanoSim 试验结束后，在算法平台启动的命令终端中按下 Ctrl+C 停止轨迹点录制。此时录制的轨迹点为临时轨迹，经过后续处理后才是算法可用的车辆轨迹。轨迹点数据默认保存在 map_data 目录下名为 temp_saved_waypoints.csv 的文件中，如图 4-18 所示。

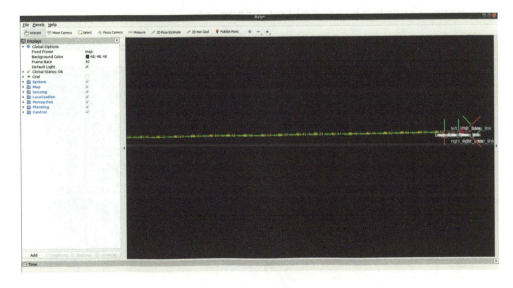

图 4-17　轨迹点录制

3. 轨迹点保存

打开录制的轨迹信息文件，删除无效的轨迹点，确保文件中只有一组轨迹点数据，且数据点坐标连续，另存为 waypoints.csv，如图 4-19 所示。

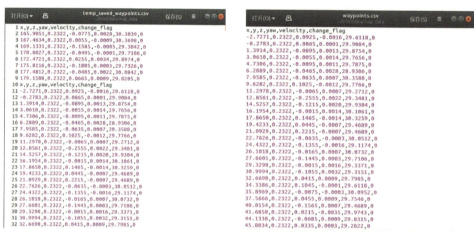

图 4-18　轨迹点临时文件　　　　　　图 4-19　轨迹点文件

4.9.4　循迹效果测试

在算法平台工作目录下打开命令终端，输入以下指令启动循迹主节点，同时运行 PanoSim 试验，可在 rviz 中观察到循迹算法处理效果，如图 4-20 所示，在 PanoSim 中观察到循迹功能效果。

```
bash launch_zhixf_follow_trace.sh
```

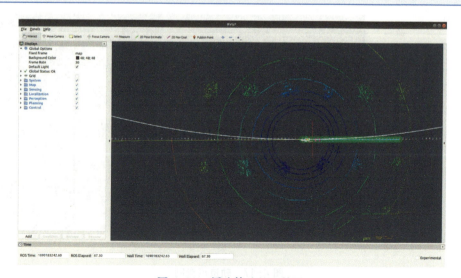

图 4-20　循迹算法处理效果

Chapter 05

第 5 章
智能驾驶 HIL 仿真测试结果分析与评估

5.1 智能驾驶测试评价方法

目前智能驾驶测试主要在虚拟仿真软件进行，因此仿真测试的评价应包括仿真测试自身评价以及智能驾驶车辆驾驶性能、交通协调性、标准匹配性、学习进化性等方面[8]，如图 5-1 所示。在仿真真实度及仿真效率方面，通过游戏技术来打造更真实的测试场景，使用云计算的能力提升测试效率已经成为业界的公认方向。

仿真测试本身性能是智能驾驶测试评价的基础。基于场景的虚拟仿真是目前智能驾驶仿真的主要路线，因此场景覆盖率、场景真实度是仿真测试的核心，只有全面覆盖自然驾驶场景、标准法规场景、危险工况场景及参数重组场景，才能真正验证智能驾驶车辆的性能表现。真实性是评价虚拟场景与现实世界场景的仿真还原度，是实现高精度传感器仿真的基础。仿真效率体现的是虚拟车辆在仿真平台每日仿真里程数及重点场景的覆盖率，如极端、危险场景等，以及云平台带来的加速仿真和高并发仿真优势，仿真效率是验证智能驾驶系统安全性的最关键指标。云仿真体现的是众多智能驾驶车辆互相之间以及智能驾驶汽车与城市不同道路、设施、不同环境的交互，是体现智能驾驶车辆应对复杂城市环境能力的最终考验。

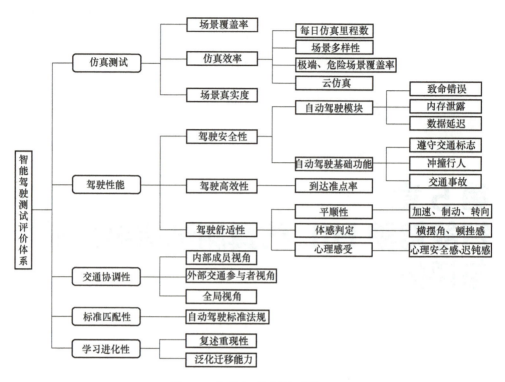

图 5-1　智能驾驶测试评价体系

驾驶性能是评价智能驾驶车辆的核心。驾驶性能体现了智能驾驶车辆的安全性、高效性、舒适性，其中最核心的是安全性。安全性又可分为智能驾驶模块和智能驾驶基础功能。智能驾驶模块指汽车自身硬件和软件的安全性，智能驾驶基础功能是汽车面对复杂交通和环境时的应对能力。由于智能驾驶汽车可能会遇到预期内或预期外的驾驶情景，驾驶的安全性是目前智能驾驶仿真关注的重点。驾驶高效性指智能驾驶汽车从始发地出发前往目的地的路径规划能力，体现为到达目的地的准点率。驾驶舒适性主要考虑行驶过程中汽车平顺性、驾驶员体感判定及心理感受，平顺性体现汽车加速、制动及转向过程中的驾乘平稳性，体感判定是通过驾驶员在环判断汽车横摆角速度、顿挫感等，心理感受包括心理安全感及迟钝感主观感受等。

交通协调性是评价智能驾驶车辆与外部环境交互的结果。智能驾驶车辆在行驶过程中会和其他机动车（有可能是智能驾驶车辆）、非机动车、行人等其他交通参与者进行交互，通过判断其他交通参与者的意图而做出规划和决策。人类驾驶员可以很快判断其他交通参与者的行为而做出驾驶决策，但智能驾驶汽车目前主要是通过感知周边环境做出保守型决策，最终目的是保证车辆的安全性，但从整个交通参与者或全局视角评价，智能驾驶汽车的决策不一定是合理的。例如人类驾驶员发现前方车辆行驶较慢，而左侧车道无车时，一般会选择变道超车。而如果是智能驾驶汽车，出于安全考虑，会选择一直保持安全车距跟车行驶，从而会影响后面车辆的行驶效率。综合评价，从安全性和舒适性方面看，智能驾驶汽车的决策是合理的，但是从交通协调性方面看，并不是最佳选择。目前，在仿真平台内，对交通协调性表现的合理与否是很难进行评价的，只能从外部交通参与者或全局角度进行评价。未来，随着机器学习技术的进步，以及车路协同体系的建立，智能驾驶汽车的交通协调性将表现更好，评价更方便。

标准匹配性是评价智能驾驶车辆在标准测试场景下的表现。目前国内外已形成了比较完善的 ADAS 功能测试标准和方法，如 ACC、AEB、FCW、LDW、LKA、BSD 等，功能测试标准的建立使得智能驾驶有了可依据的评价标准，使评价体系更加规范。

学习进化性是检验智能驾驶汽车智能化的标准。智能驾驶车辆在行驶过程中遇到障碍物时会制动，但是如果通过机器学习，准确识别障碍物以后，在确认安全性的前提下就不会再次紧急制动，而是会直接通过或者避让，这是智能驾驶车辆通过重现障碍物学习获得的知识。在场景识别方面，我们知道由于场景库改变某些参数的条件下，可以生产无限的连续性场景，而智能驾驶车辆要测试每一个场景是很难实现的，因此通过泛化迁移能力对场景进行归类学习，可以降低智能驾驶系统的学习难度，加快智能驾驶汽车的研发进度。

5.2 仿真测试的真实性与有效性评价

在智能驾驶测试评价体系中，仿真测试的评价是最基础的，只有满足一定条件的仿真测试才能实现促进智能驾驶汽车的落地。仿真测试最核心的是真实性和有效性，通过对比智能驾驶汽车在仿真环境和真实场景的差别，综合评价仿真测试结果。

5.2.1 真实性评价

仿真测试真实性评价针对场景信息真实度、场景分布真实度两个方面，主要是为了验证场景库的真实合理性，为智能驾驶车辆测试提供最接近真实世界的虚拟场景，如图 5-2 所示。

场景信息真实度主要包括场景构成中的静态环境、动态环境、交通参与者、气象环境等要素。场景在建立过程中，需要准确地在虚拟环境中渲染道路交通标线、道路交通标志、各种道路的立体与平面结构、路面材质、路段性质等静态环境信息；交通信号灯颜色变化、可变交通标志、交通警察等动态环境要素；机动车、非机动车、步行行人、残疾人、动物等交通参与者；光线强度、光线角度、雨、雪、雾、霾天气等气象要素。

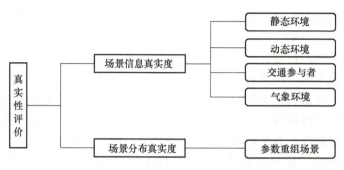

图 5-2 仿真测试真实性评价体系

场景分布真实度主要针对参数重组场景中由特征元素组合和人工编辑合成的场景。不同于自然驾驶场景、危险工况场景、标准法规场景等自然存在或合理设置的场景，参数重组场景中由于人工修改参数后的场景可能在真实世界不存在，如果再进行测试就会导致测试资源被浪费，降低测试进度。因此，人工编辑场景时需考虑真实世界场景的参数值范围，参数范围可以选择用概率分布来确定，适当考虑极端情况，合理化设置参数重组场景。

5.2.2 有效性评价

仿真测试的有效性评价在于验证仿真测试的结果准确性。

仿真测试的一个局限在于仿真测试的精确度有限。因此，验证仿真测试的目的是验证仿真工具链的准确性。为了保证仿真测试结果的有效性，需要对仿真测试工具链提出要求。联合国 WP.29 GRVA 智能驾驶工作组 VMAD 智能驾驶安全验证方法子工作组在它的主文件 "New Assessment/Test Method for Automated Driving（NATM）Master Document"中提出了一种验证仿真测试有效性的方法：对比智能驾驶系统在仿真测试与实车测试中的性能差异。考虑到实车测试在场景上与仿真测试相比，有较大的局限性，仿真测试的有效性只能在关键的部分场景中进行验证。

在场景测试标准方面尚无正式的国家标准规范，参照中关村智通智能交通产业联盟发布的《自动驾驶车辆道路测试能力评估内容与方法》（T/CMAX 116-01—2018）团体标准，可以实现智能驾驶车辆在常规场景的有效性评价。该团体标准包括认知与交通法规遵守能力、执行能力、应急处置与人工介入能力、综合驾驶能力四个大项，基本覆盖了智能驾驶车辆与场景外部环境中的静态场景、动态场景、交通参与者、气象等所有要素的交互，如图 5-3 所示。每个大项又分为数个专项，专项又分为具体的测试评价场景，基本覆盖了汽车日常驾驶场景，使智能驾驶仿真测试具备有效性评价的依据，见表 5-1。

第 5 章 智能驾驶 HIL 仿真测试结果分析与评估

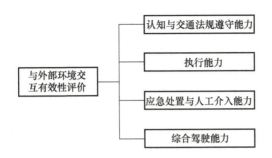

图 5-3 仿真测试与外部环境交互有效性评价体系

表 5-1 仿真测试与外部环境交互有效性评价场景举例

大项	专项	测试评价场景
认知与交通法规遵守能力	交通标志	限速标志识别及响应
		减速让行标志识别及响应
		停车让行标志识别及响应
		潮汐车道标志识别及响应
		禁止通行标志识别及响应
	交通标线	车道线识别及响应
		人行横道线识别及响应
		停止线识别及响应
		潮汐车道标线识别及响应
		网状线识别及响应
	交通信号灯	机动车信号灯识别及响应
		闪光警告信号灯识别及响应
		方向指示信号灯识别及响应
		车道信号灯识别及响应
		信号灯故障识别及响应
		移动式交通信号灯识别及响应
	交通指挥手势	停止信号手势识别及响应
		直行信号手势识别及响应
		右转弯信号手势识别及响应
		左转弯信号手势识别及响应
执行能力	曲线行驶	曲线行驶
	直角弯道行驶	直角弯道行驶
	双凸路行驶	双凸路行驶
	限宽路段行驶	限宽路段行驶
	窄路掉头	窄路掉头
	坡道停车和起步	坡道停车和起步

（续）

大项	专项	测试评价场景
应急处置与人工介入能力	紧急情况处置	车辆或系统故障
		系统无法处置的场景
		自动紧急避让
	人工介入后的可操作性	制动踏板介入
		转向盘介入
		硬或软开关介入
	紧急停车	紧急停车
综合驾驶能力	起步	路侧停车起步
		左侧行人通行起步
		左侧非机动车通行起步
		左侧车辆通行起步
		车门未完全关闭起步
		前方障碍物起步
	跟车	稳定跟车
		下坡-上坡路跟车
		上坡-下坡路跟车
		弯道内跟车
		跟车时前车切出
		跟车时邻车道车辆切入
		停-走功能
	变更车道	避让障碍物变道
		避让静止车辆变道
		避让故障车辆变道
		避让事故车辆变道
		避让低速行驶车辆变道
		避让施工路段变道
		临近车道有车变道
		前方车道减少变道
	直行通过路口	无信号灯路口行人冲突通行
		无信号灯路口非机动车冲突通行
		无信号灯路口车辆冲突通行
		路口车辆冲突通行
		拥堵路口通行
	通过人行横道线	单一行人通行
		群体行人通行
		单一非机动车通行

（续）

大项	专项	测试评价场景
综合驾驶能力	通过人行横道线	群体非机动车通行
		行人和非机动车通行
		行人折返通行
		行人违章通行
		非机动车违章通行
	路口左转弯	路口行人冲突通行
		路口非机动车冲突通行
		路口车辆冲突通行
	路口右转弯	路口行人冲突通行
		路口非机动车冲突通行
		路口车辆冲突通行
	路口掉头	路口掉头
		直行车辆冲突通行
	靠边停车	靠路边应急停车
		最右车道内靠边停车
		路边行人站立
		路边行人通行
		路边非机动车静止
		路边非机动车通行
	通过公共汽车站	通过公共汽车站
		公交车前部行人穿行
	会车	对向车辆借道通行会车
		下坡-上坡路会车
		上坡-下坡路会车
		无交通标线道路会车
	通过环岛	环岛绕行
		入环岛时绕环岛车辆通行
		绕环岛时出环岛车辆通行
	主辅路行驶	入辅路时车辆冲突通行
		出辅路时车辆冲突通行
	通过模拟苜蓿叶式立交	通过模拟苜蓿叶式立交
	通过学校区域	学校区域通行
		儿童
	通过隧道	通过隧道
		隧道内行人违章通行

(续)

大项	专项	测试评价场景
综合驾驶能力	通过隧道	隧道内行人沿道路行走
		隧道内施工路段绕行
	超车	超车
		超车过程中前车变道
	停车入库	停车入库
		库内放置障碍物
	侧方停车	侧方停车
		停车位内地锁撑起
	通过雨区道路	通过雨区道路
		雨区行人冲突通行
		雨区非机动车冲突通行
		雨区机动车冲突通行
	通过雾区道路	通过雾区道路
		雾区行人冲突通行
		雾区非机动车冲突通行
		雾区机动车冲突通行
	通过湿滑路面	通过湿滑路面
		湿滑路面行人冲突通行
		湿滑路面非机动车冲突通行
		湿滑路面机动车冲突通行
	通过遗撒路面	通过遗撒路面
	避让应急车辆	避让应急车辆
	夜间行驶	夜间行驶
	可变导向车道	潮汐车道行驶
		可变导向车道行驶

5.3 仿真测试与道路测试的闭环验证

在智能驾驶汽车商用之前，必须经历仿真测试、封闭场地测试、道路测试三个阶段，每个阶段的测试目的各有不同。

1）仿真测试阶段主要是为了验证智能驾驶汽车性能及安全，具体包括：针对智能驾驶汽车开发验证、测试评价、检测认证等各个流程的审查评估；智能驾驶安全性管理体系评估；仿真结果到道路测试的应用。

2）封闭场地测试阶段主要是为了开展功能及性能评估，具体包括：开展功能及性能评估测试（危险工况场景、自然状态下出现概率低及难以复现的场景）；试验精度可控，最大程度保证智能驾驶系统的真实性能，用于验证仿真测试和道路测试的准确性。

3）道路测试阶段主要是为了综合评估及考核认证智能驾驶车辆，为商用作准备，具体包括：公开道路车辆行为综合评估；评估智能驾驶系统应对真实交通状况的能力；智能驾驶系统上路前的考核认证；随机覆盖日常驾驶典型场景，防范系统漏洞；仿真测试、封闭场地测试、道路测试三者之间互相补充，形成测试闭环，共同促进智能驾驶车辆的研发和标准体系建立。

道路测试可以为仿真测试提供场景搭建基础素材，危险场景由仿真测试代替道路测试完成。仿真测试场景需结合道路测试场景要素，参数化处理，进行人工编辑，不断构建道路测试难以复现的新场景，逐步完善场景库。复杂天气、复杂交通、事故场景等危险工况场景由于复现性低、危险性大，难以在道路测试中进行，但在仿真测试中可以进行无限次测试，保障了测试安全。

仿真测试可以补充道路测试，加快智能驾驶车辆测试速度。在公开道路测试中智能驾驶汽车表现欠佳的场景，需通过仿真测试不断训练学习，强化智能驾驶算法，提升车辆应对各种场景的能力。此外，由于道路测试绝大部分驾驶时间属于安全的自然驾驶情景，如果要测试完所有场景，耗费时间长，仿真软件不仅可以实现高并发测试，而且可以加快测试速度，可节省大量时间。

5.4　AEB 功能测试案例

5.4.1　知识学习

1. AEB 系统定义

自动紧急制动（AEB）系统是一种车辆安全技术，其目标是在检测到可能发生碰撞的情况下，自动应用制动以防止或减轻碰撞的严重性。AEB 系统使用传感器（如雷达、摄像头或激光器）来监测车辆前方的道路状况，当系统认为可能发生碰撞且驾驶员未采取行动时，它会自动触发制动系统，帮助减缓或避免碰撞。

这个系统旨在提高车辆和乘客的安全性，特别是在紧急情况下，驾驶员可能没有足够时间做出反应时。

2. AEB 系统组成

AEB 系统的组成通常可以按照输入模块、控制模块和执行模块的方式来划分，这种划分有助于理解系统的功能和运作原理。

（1）输入模块　输入模块主要包含感知信息输入和车辆信息输入。其中常见感知信息模块包括摄像头、激光雷达、超声波传感器、毫米波雷达、组合惯导等；车辆信息模块主要包括距离传感器、转速传感器、加速踏板传感器、制动传感器、转向角度传感器、路面选择按钮等，见表 5-2。以上传感器就功能需要进行选择搭配。

表 5-2 输入模块

传感器	说明
摄像头	摄像头是 AEB 系统中的关键感知传感器之一，通过捕捉车辆前方的图像，为系统提供直观的视觉信息。摄像头技术广泛应用于目标检测、车道保持和行人识别等领域。高分辨率的图像使系统能够更准确地识别和理解道路上的目标
激光雷达	激光雷达使用激光束来扫描周围环境，测量目标的距离和位置。其高精度的三维点云地图对于障碍物检测和车辆定位至关重要。激光雷达能够在不同光照条件下提供可靠的数据，增加系统的稳定性
超声波传感器	超声波传感器主要用于短距离障碍物检测，例如停车时检测周围的物体。这些传感器提供了即时的、低成本的测距数据，增强了系统在近距离范围内的感知能力
毫米波雷达	毫米波雷达工作在毫米波频段，能够在各种天气条件下提供高分辨率的目标检测。它对于长距离障碍物检测和高速行驶场景的感知具有重要作用
组合惯导	组合惯导系统结合了加速度计和陀螺仪等传感器，用于测量车辆的加速度和角速度。这对于提供车辆运动状态信息，尤其是在 GPS 信号不稳定或缺失的情况下，具有关键作用
距离传感器	距离传感器用于测量车辆与前方障碍物之间的距离。通过提供准确的距离数据，系统能够评估与前方目标的相对位置，为碰撞风险的评估提供基础
转速传感器	转速传感器监测车辆发动机的转速，提供关键的动力信息。这对于理解车辆当前的运动状态和发动机输出至关重要
加速踏板传感器	加速踏板传感器测量驾驶员的加速踏板输入，提供关于驾驶员期望的加速度信息
制动传感器	制动传感器监测制动系统的状态，包括踩下制动踏板的力度。这有助于系统了解驾驶员是否已经采取了制动措施
转向角度传感器	转向角度传感器提供关于转向盘转向角度的信息，用于理解驾驶员的转向意图和车辆的转向状态
路面选择按钮	路面选择按钮允许驾驶员根据当前行驶路面的情况选择不同的 AEB 响应设置，例如雪地、湿滑路面或普通干燥路面

（2）控制模块 控制模块是 AEB 系统的核心，负责处理传感器提供的信息、分析数据、做出决策，并触发相应的制动操作。通常可以按照硬件组成和软件组成来划分。

硬件组成通常包括电子控制单元（ECU）、微处理器、存储器、传感器接口、通信接口、电源供应、制动执行单元接口、故障检测和诊断电路、人机界面接口（可选），见表 5-3。

表 5-3 控制模块的硬件组成

硬件	说明
电子控制单元（ECU）	ECU 是 AEB 系统中的核心硬件组件，承担着整合、处理和分析来自各个传感器的数据，以及执行系统的控制算法的任务。ECU 通常由一块或多块专用计算机芯片组成，具有高度的计算能力和实时性能。其关键职责之一是接收来自传感器的数据，经过复杂的算法分析，评估潜在的碰撞风险，并根据需要采取紧急制动措施

(续)

硬件	说明
微处理器	微处理器是 ECU 的核心组成部分之一，负责执行控制算法、实时数据处理以及与其他车辆系统的通信。它的性能直接影响到 AEB 系统的响应速度和计算能力。微处理器处理来自传感器的海量数据，并根据系统设计的算法做出准确的决策。它还负责与车辆其他系统进行实时的数据交换，确保 AEB 系统与整车的协同工作
存储器	存储器在 AEB 系统中有着重要的作用，用于存储系统的软件程序、算法和配置数据。闪存用于存储固件和软件程序，而 RAM（随机存储器）则用于存储运行时的数据。存储器的容量和速度直接影响到系统的性能。在 AEB 系统中，快速的数据访问和存储是确保系统迅速响应紧急情况的关键
传感器接口	传感器接口是连接 AEB 系统和各种感知传感器的桥梁。该接口负责将传感器生成的模拟或数字信号转换为系统可理解的数据格式，并将这些数据传递给 ECU 进行处理。传感器接口还可能包括信号处理电路，用于调整传感器数据的精度和准确性
通信接口	通信接口使 AEB 系统能够与车辆的其他系统进行通信，例如制动系统、发动机控制系统等。这通常涉及使用现代汽车网络协议（如 CAN 总线）进行数据传输。通信接口的设计要求高度稳定和可靠，以确保系统之间的协同工作
电源供应	电源供应是确保 AEB 系统正常运行的基本要素。AEB 系统通常连接到车辆的电池系统，并可能包括电源管理电路以确保适当的电能分配。稳定的电源保证了系统的可靠性和持续的工作能力
制动执行单元接口	制动执行单元接口是 AEB 系统与车辆制动系统进行通信的关键部分。该接口负责向制动执行单元发送信号，触发紧急制动操作。与车辆制动系统的有效沟通是确保 AEB 系统在紧急情况下成功采取措施的关键
故障检测和诊断电路	为了增强系统的可靠性，AEB 控制模块通常包括故障检测和诊断电路。这些电路用于监测系统的健康状态，检测传感器故障或其他问题，并在必要时采取适当的应对措施。这有助于防止故障的蔓延，提高系统的可用性
人机界面接口（可选）	如果 AEB 系统包括人机界面，用于向驾驶员提供系统状态和操作信息，那么相应的接口电路也可能包括在硬件组成中。这个接口可以是显示屏、声音警告等形式，帮助驾驶员理解 AEB 系统的工作原理，提高驾驶员对系统的信任和使用效果

AEB 控制模块的软件组成包括一系列的算法、逻辑和程序，用于处理传感器数据、进行实时分析、评估碰撞风险并做出相应的制动措施。其主要包括碰撞风险评估算法、决策逻辑、传感器数据融合算法、实时数据处理、通信协议和接口、故障检测和容错机制、驾驶员交互界面（可选），见表 5-4。

表 5-4 AEB 控制模块的软件组成

软件	说明
碰撞风险评估算法	碰撞风险评估算法是 AEB 系统中最关键的软件组成部分之一。这些算法使用传感器提供的数据，如毫米波雷达、摄像头、激光雷达等，来评估车辆前方的环境，并确定是否存在潜在的碰撞风险。算法可能包括目标检测、轨迹预测、速度估算等功能，以量化碰撞的可能性和严重性
决策逻辑	决策逻辑是基于碰撞风险评估的结果做出制动决策的关键组件。这一部分的软件负责确定何时触发紧急制动以避免或减轻碰撞。决策逻辑可能会考虑诸如车辆速度、前方障碍物的类型、驾驶员的制动行为等多个因素
传感器数据融合算法	由于 AEB 系统通常配备多个传感器，传感器数据融合算法负责将来自不同传感器的信息整合在一起，以获得更全面和准确的车辆周围环境感知。这有助于提高系统的鲁棒性和性能
实时数据处理	实时数据处理组件负责快速处理传感器提供的实时数据。这包括对图像、激光雷达点云等数据进行处理，以确保系统能够及时响应潜在的紧急情况

（续）

软件	说明
通信协议和接口	AEB 系统需要与车辆的其他部分进行通信，如制动系统、电子控制单元等。软件中包括实现这些通信的协议和接口的代码，确保 AEB 系统与车辆的其他系统协同工作
故障检测和容错机制	为了提高系统的可靠性，软件中可能包括故障检测和容错机制。这些机制能够检测传感器故障或其他问题，并采取适当的措施，例如切换到备用系统或提供警告信息
驾驶员交互界面（可选）	如果 AEB 系统包括人机界面，软件将包括与驾驶员交互的界面逻辑。这可能包括显示警告信息、发出声音提示等，以引导驾驶员采取适当的行动

AEB 控制模块的硬件和软件紧密协作，构建了一个高度协同的系统。硬件负责感知车辆环境和执行制动操作，而软件则扮演着指挥者的角色，通过实时的数据分析和算法执行，指导硬件在紧急情况下实现自动化的紧急制动功能。这无缝的硬件与软件协同使 AEB 系统能够迅速而可靠地响应潜在危险，从而提高车辆安全性。

（3）执行模块　AEB 执行模块用于执行相应的动作，实现相应的车辆制动过程。其中包括的模块有制动控制单元、制动执行电磁阀、制动力调整算法、与防抱制动系统（ABS）的集成模块、实时信号处理，见表 5-5。

表 5-5　AEB 执行模块

模块	说明
制动控制单元	制动控制单元是 AEB 执行模块的核心组件之一，负责协调制动系统的操作。它接收来自 AEB 系统的制动命令，并通过控制车辆制动器来实现紧急制动。这可能包括对主制动缸、制动液压系统等的控制
制动执行电磁阀	该电磁阀负责控制制动液的流动，从而影响制动器的施加和释放。AEB 执行模块通过控制这些电磁阀来调整制动力的强度，以实现紧急制动
制动力调整算法	这个算法负责根据 AEB 系统的决策和传感器提供的信息，调整制动力的强度。它确保在紧急情况下，制动系统提供足够的制动力，以避免碰撞或减缓碰撞的速度
与防抱制动系统（ABS）的集成模块	由于 ABS 负责防止车轮抱死，AEB 执行模块需要与 ABS 集成，以协调制动操作，确保在紧急制动时维持车辆的稳定性
实时信号处理	该模块用于实时处理来自 AEB 系统和传感器的信号。它负责解释系统的决策，并将其转化为实际的制动操作，以确保在紧急情况下的快速响应

AEB 系统中的输入模块、控制模块和执行模块相互协同工作，形成一个高度协调的系统，旨在实现紧急制动的自动化功能。输入模块通过感知传感器和车辆信息的输入，提供实时的环境感知和车辆状态数据。这些数据被传递到控制模块，其中的算法评估潜在碰撞风险并做出决策，确定是否需要采取紧急制动措施。一旦决策达成，控制模块将制动命令传递给执行模块，后者负责实际触发车辆的制动系统。这种密切的协同作用确保了系统在紧急情况下的迅速而可靠的响应。

3. AEB 算法设计要求

整个 AEB 系统中最重要的就是其算法逻辑，它负责识别潜在的碰撞风险以计算适当的制动力度。其中需要考虑的方面有碰撞风险监测、决策制动力度、系统响应时间、动态环境适应性以及误报率降低。

碰撞风险监测要求 AEB 系统必须能够准确地监测潜在的碰撞风险。一旦监测到潜在碰撞风险，算法需要决定适当的制动力度。系统响应时间要求算法必须能够快速响应监测到的碰撞风险，以确保在紧急情况下及时采取行动。系统的响应时间是确保 AEB 有效性的关键因素之一。动态环境适应性是指 AEB 系统的算法逻辑应该能够适应不同的驾驶场景和交通状况，这可能包括考虑车辆速度、道路条件、交通流量等因素。误报率降低要求算法必须经过精心设计，以最小化误报率，即在没有真正碰撞风险的情况下避免不必要的制动干预。

4. AEB 的技术实现方法

目前，实现自动紧急制动系统的技术主要分为三类，分别基于视觉传感器、毫米波雷达和激光雷达。视觉传感器和毫米波雷达实现车辆 AEB 功能的原理有所不同。毫米波雷达主要通过向目标物发送电磁波并接收回波的方式来获取目标物体的距离、速度和角度信息。相较之下，视觉方案稍显复杂。以单目视觉方案为例，它需要首先进行目标识别，然后根据目标在图像中的像素大小来估算目标的距离。

两种方法各有优劣，见表 5-6。毫米波雷达在实现 AEB 时具有适应恶劣天气、长距离探测和速度测量精准等优势，但其目标识别能力相对较弱且分辨率较低。相比之下，摄像头（视觉传感器）提供高分辨率图像、丰富的目标信息和多功能性，但受恶劣天气和光照条件限制，且在探测距离上有限。在成本方面，摄像头的成本更低。

表 5-6 摄像头与毫米波雷达的比较

项目	摄像头	毫米波雷达
作用距离	100～200m	150～250m
测距精度	近距 0.1m，远距 1m	0.3m（远近一致）
光线与天气影响	显著	很小
物体高度与宽度测量精度	高	低
车道线与标识识别	有	无
行人识别准确度	高	低
成本	低	一般

最佳实践通常是将毫米波雷达和摄像头结合使用，以克服各自的局限性，提高 AEB 系统的整体性能。

融合方案也是国内商用车 AEB 系统的落地上所强制要求的方式。在 JT/T 1094—2016《营运客车安全技术条件》中提到，车长超过 9m 的营运客车需装备符合 JT/T 883 规定的车道偏离预警系统（LDWS）和 AEB 系统（包括前车碰撞预警系统）。在交通运输部办公厅所印发的《营运客车安全达标实车核查工作规范》中明确要求，营运客车驾驶室前面罩需要安装 AEB 系统毫米波雷达或激光雷达装置。

传感器数据融合通过整合来自不同传感器的信息，以提高系统性能和准确性。其核心原理在于将多个传感器的输出融合，以形成更全面、准确和可靠的系统认知。但是丰富的数据如果处理得不好也可能会带来冲突。

例如：一辆汽车正在行驶过一个交叉路口，同时使用了摄像头和雷达进行感知。

在目标位置差异方面，摄像头可能通过视觉识别到一个在路口等待的行人，而雷达则可能在相同位置检测到一辆静止的车辆。这种情况下，摄像头和雷达提供的目标位置信息可能是不一致的。在速度测量方面，摄像头和雷达在测量车辆速度时，由于采样频率和测量方法的不同，它们可能提供不同的速度估计。这可能导致系统在决策时难以确定确切的目标速度。在环境条件方面，恶劣天气条件，如强风雨或大雪，可能导致摄像头受到视觉遮挡或图像质量下降，而雷达对于这些天气条件可能更具有稳定性。这种情况下，摄像头和雷达提供的环境感知信息可能有较大的差异。

对于以上问题可以采取的应对策略有权衡权重、冗余检测与时空协调。融合算法可以根据传感器的性能、环境条件和其他因素动态调整权重，以平衡摄像头和雷达的信息，降低矛盾的影响。引入冗余检测机制，通过比较摄像头和雷达提供的信息，检测是否存在矛盾或异常情况，并采取相应的纠正措施。考虑数据的时空协调性，确保摄像头和雷达提供的信息在时间和空间上一致，避免因为异步性或不同采样率导致的矛盾。

因此可以将基于数据融合的 AEB 解决方案总结为：首先摄像头和毫米波雷达分别针对观测目标收集数据，然后对各传感器的输出数据进行特征提取与模式识别处理，并将目标按类别进行准确关联，最后利用融合算法将同一目标的所有传感器数据进行整合，从而得出关于目标威胁性的一致性结论。

5.4.2 测试场景搭建

1. 场景搭建

如图 5-4 所示，在场景仿真软件中搭建 AEB 测试道路，场景描述见表 5-7。

第 5 章　智能驾驶 HIL 仿真测试结果分析与评估

表 5-7　AEB 测试场景描述

参数	描述
目标车位置	纵向 50m、横向小于 0.2m
目标车方向	与主车一致
目标车速度	静止
主车速度	依次为 40km/h、50km/h、60km/h、70km/h
天气	晴天
光照	白天
道路	十字交叉路口

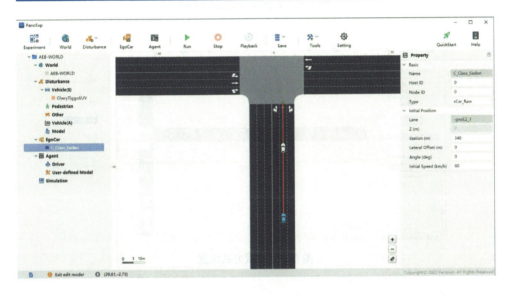

图 5-4　AEB 测试道路

2. 车辆及传感器

选择 PanoSim 官方车辆模型 C_Class_Sedan 为测试车辆，右键单击编辑传感器，添加 SurroundLidarPointCloudSensor（激光雷达传感器），如图 5-5 所示，车辆参数页中，选择车辆基础类型（Type）为 xCar_NI，即 HIL 联合仿真模式，如图 5-6 所示。

3. 动力学模型配置

在 Agent 库中搜索添加 Simulink 插件，即车辆动力学模型，拖拽添加至工作区，如图 5-7 所示。

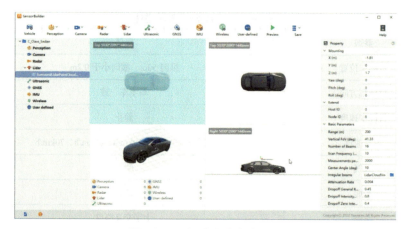

图 5-5　添加激光雷达传感器

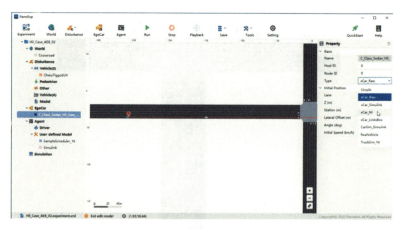

图 5-6　测试方式配置

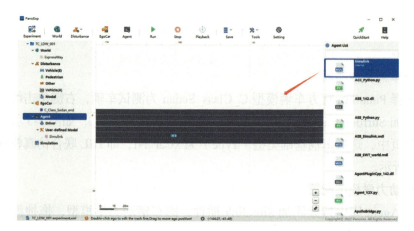

图 5-7　动力学模型添加插件

5.4.3 I/O 接口映射

1. 算法 I/O 添加

AEB 试验中，仿真车辆的制动由算法控制，故需要在动力学模型中将车辆的制动改为由算法控制，即使用 NI VeriStand In 模块添加算法输出接口，如图 5-8 所示；输入接口方面，算法需要车身位姿数据以及 GNSS 经纬度数据，故使用 NI VeriStand Out 模块添加算法输入接口，如图 5-9 所示。

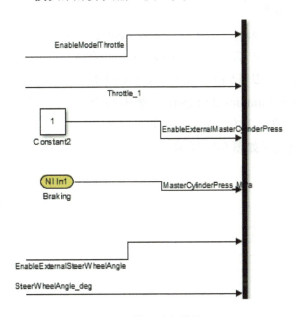

图 5-8 算法输出模块

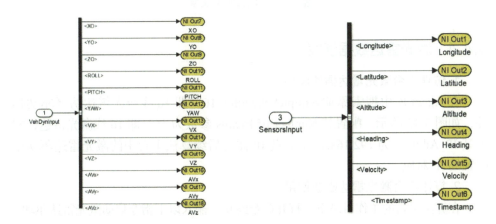

图 5-9 算法输入模块

2. CAN 设备配置

打开试验目录下的 VeriStand 配置文件，完成通信协议配置、CAN 设备参数配置并使能，在 CAN 设备的输入信号中添加车辆制动信号，输出信号中添加车辆位姿信息，如图 5-10 所示。

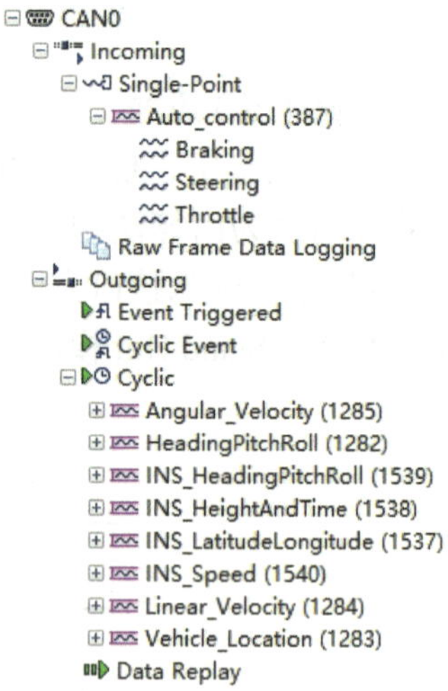

3. 配置接口映射

使用 Configure Mappings 工具，展开 Sources 和 Destinations 下的信号，Simulink 模型的 Outports 对应 CAN 设备的 Outgoing，CAN 设备的 Incoming 对应 Simulink 的 Inports，选中两个对应的信号后，单击下方的 Connect 即可完成映射，完整的映射关系如图 5-11 所示。

图 5-10　CAN 通信端口

图 5-11　接口映射关系

5.4.4　激光雷达数据读取

1. 仿真平台激光雷达插件添加

在 Agent 库中搜索添加 SampleScheduler_16，即 16 线激光雷达仿真驱动插件，如图 5-12 所示，配置其 Number of Beams 参数为 16，即 16 线激光雷达，配置其 IP_Address 为 192.168.1.201，此 IP 需与后续算法平台中的激光雷达驱动中配置的 IP 对应。

2. 算法平台激光雷达驱动使用

在算法平台的工作目录下，打开命令终端，输入以下指令启动激光雷达驱动。

```
bash launch_zhixf_lidar_driver.sh
```

第 5 章　智能驾驶 HIL 仿真测试结果分析与评估

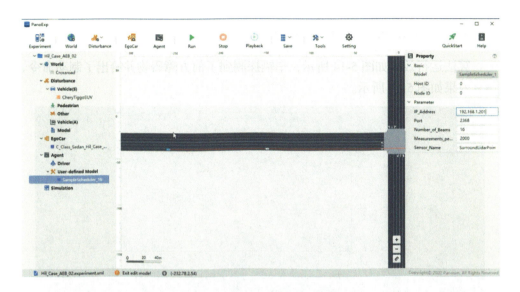

图 5-12　激光雷达仿真驱动插件

接着，仿真平台运行试验，即可在 rviz 中查看到激光雷达的仿真点云数据，如图 5-13 所示。

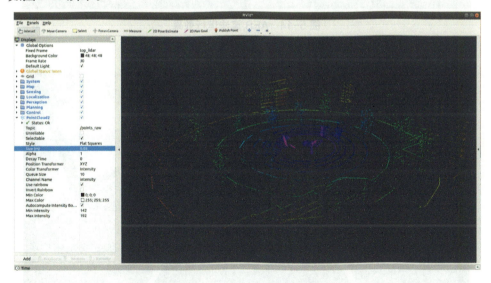

图 5-13　激光雷达数据可视化

5.4.5　算法运行测试

在算法平台的工作目录下，打开命令终端，输入以下指令启动 AEB 算法。

```
bash launch-zhixf-aeb.sh
```

算法运行效果如图 5-14 所示,车辆探测到了前方障碍物并给出了制动命令,仿真效果如图 5-15 所示。

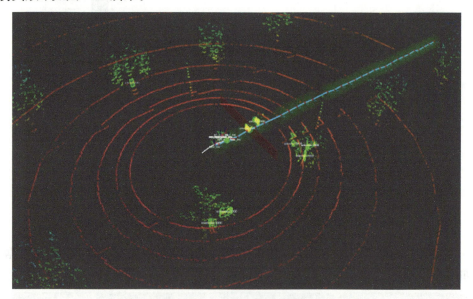

图 5-14　AEB 算法运行效果

图 5-15　AEB 仿真效果

Chapter 06

第 6 章
智能驾驶系统测试案例

6.1　LDW 功能测试案例

6.1.1　知识学习

1. LDW 概述

在高速路驾驶场景，驾驶员疲劳驾驶极有可能会发生车辆无意识偏离所在车道的情况，然而，当驾驶员意识到车辆偏离既定路线时，往往为时已晚，要么发生碰撞，要么就是急转转向盘进行反向纠正，最终造成侧翻的事故发生。为了有效避免上述危险的发生，车道偏离预警（Lane Departure Warning，LDW）功能应运而生，其基本原理就是通过视觉传感器（安装在前风窗玻璃中上部的摄像头）感知前方道路的车道线，并结合车辆当前行驶状态以及驾驶员意图来判断当前车辆是否已经发生无意识偏离，并在发生无意识偏离车道时提醒驾驶员。LDW 系统会在车辆高速行驶时提醒驾驶员，汽车正在偏离正常行驶的车道，让驾驶员及时纠正行车路线。

2018 年 1 月 1 日，国家标准 GB 7258—2017《机动车运行安全技术条件》正式实施。新版本的标准，对大中型客车的运行安全性和防火安全性提出进一步的要求，增加了"车长大于 11m 的公路客车和旅游客车应装备符合标准规定的车道保持辅助系统和自动紧急制动系统"的要求。

2016 年 3 月 23 日，联合国欧洲经济委员会表示，1968 年通过的《维也纳道路交通公约》一项有关车辆无人驾驶技术的修正案自当天起正式生效。这项修正案明确规定,在全面符合联合国车辆管理条例或者驾驶员可以选择关闭该技术的情况下,将驾驶车辆的职责交给无人驾驶技术可以被允许应用到交通运输当中。

2. LDW 定义

LDW 是汽车防碰撞预警系统的重要功能之一。这一功能通过摄像头监控车辆相对于道路标记的位置,能够检测车辆是否无意中偏离其行驶车道。当 LDW 系统检测到车辆开始偏离车道时,它会通过视觉、听觉或触觉信号警告驾驶员。这种警告可能是仪表盘上的图标闪烁、转向盘或座椅的轻微振动,或者是警告声音。这个及时的提醒能帮助驾驶员意识到潜在的偏离情况,从而及时做出纠正,避免潜在的事故。

3. LDW 系统组成

LDW 系统组成包括感知模块、控制模块以及人机交互模块,具体结构如图 6-1 所示。

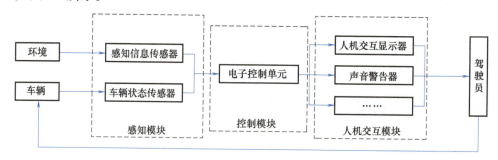

图 6-1　LDW 系统结构

感知信息传感器,如摄像头和图像采集卡等,主要用于识别车辆前方或两侧的车道线。车载摄像头的安装位置对车道偏离预警系统的效果至关重要。通常,摄像头可以安装在车辆的侧面(例如车身侧面或后视镜处)来侧向识别车道线,或者安装在车头,面向前方直接观察车道。在少数情况下,也会在车尾安装摄像头来检测后方的车道标志。图像采集卡是摄像头信息传输和处理的关键组件之一,它负责接收和解码摄像头传输的图像信号,并将其传递给自动驾驶系统进行进一步的处理和分析。图像采集卡具有高带宽和低延迟的特性,确保传感器信息能够实时而高效地传递给自动驾驶系统。通过与摄像头的协同工作,图像采集卡将捕获到的视觉信息转化为数字数据,为系统提供对环境的详细认知。

车辆状态传感器主要任务是监测和报告车辆自身的状态信息,包括速度、加速度、方向和角度等参数。

其中,惯性测量单元(IMU)是一种常见的车辆状态传感器。IMU 包括加速度计和陀螺仪,用于测量车辆的线性加速度和角速度。加速度计负责测量车辆的加速度，而陀螺仪则测量车辆的角速度，即车辆围绕三个轴的旋转速度。通过结合这两种数据，IMU能够提供车辆的精确运动状态，包括加速、减速、转弯等。

另一个重要的车辆状态传感器是轮速传感器，它通过监测每个车轮的转速来测量车辆的速度和方向。这些传感器通常安装在车辆的车轮处，并通过检测轮胎的旋转来计算车辆的线速度。

此外，方向传感器也是车辆状态传感器的一部分，用于监测车辆的方向角度。这可以通过使用磁力计或角度传感器来实现。

LDW系统的控制模块是该系统的关键组成部分，它负责监测车辆的行驶状态，分析感知系统提供的信息，并在需要时采取适当的措施以提醒驾驶员或自动执行车辆控制。控制模块在保障车辆行驶安全的同时，通过相应的警告和辅助功能，提升驾驶员的注意力和反应能力。

控制模块首先接收来自感知系统的多源信息，包括摄像头等传感器提供的环境感知数据，以及车辆状态传感器提供的车辆运动信息。这些数据需要进行融合和整合，以建立对车辆周围环境的全面理解。

控制模块通过对感知系统提供的图像数据进行处理，实现车道的跟踪。这一功能允许系统准确定位车辆相对于车道的位置，并监测车辆是否存在偏离车道的趋势。车道跟踪算法的准确性直接影响LDW系统的性能。

基于对感知信息的分析，控制模块制定决策，判断车辆是否即将偏离车道。如果车辆出现潜在的偏离行为，控制模块将生成相应的警告信号。这可以通过声音、视觉警告（例如闪烁的指示灯或图标）或振动座椅等方式传达给驾驶员。

控制模块需要与车辆的其他系统（如制动系统、转向系统等）进行有效的集成与通信，以实现对车辆控制的协同操作。这样的系统集成确保了LDW系统的准确性和可靠性。

控制模块通常还具备故障检测和容错机制，能够监测感知系统的异常状况，并在需要时切换到备用系统或采取其他适当的措施，以确保系统在各种情况下都能够正常运行。

人机交互模块在LDW系统中负责将系统的信息传递给驾驶员，并与驾驶员进行有效的沟通，以确保驾驶员能够正确理解和响应系统的警告和建议。这个模块通过各种方式与驾驶员进行交互，提供及时、清晰的反馈，以增强驾驶员对车辆状态的认知，并促使其采取适当的行动。

人机交互模块在LDW系统中的具体功能确实会因需求和车型而异，以满足不同用户和驾驶场景的需求，一般包括视觉警告、声音警告、振动提示、HUD（抬头显示）、驾驶员监控以及人机交互界面等，见表6-1。

表 6-1 人机交互模块

功能	说明
视觉警告	通过车辆内部的显示屏或仪表盘上的指示灯等方式，向驾驶员提供视觉警告。这可能包括车道偏离的图标、警告信息或者变色的车道标示，以引起驾驶员的视觉关注
声音警告	通过车辆内部的音响系统，发出声音警告，如警告音或语音提示。这种方式通过听觉感知来提高驾驶员对系统警告的敏感度，有助于在驾驶员注意力分散时引起其注意
振动提示	通过振动座椅或转向盘等方式传递振动信号，直接引起驾驶员的生理感知。这种方式不仅可以在警告时提醒驾驶员，还可以用来增加对车辆状态的实时感知
HUD（抬头显示）	使用 HUD 技术，在驾驶员的视野中投影车辆状态信息，包括车道偏离的警告信息和建议。这样的方式使驾驶员无须移开视线即可获取关键信息，提高警告的效果
驾驶员监控	监测驾驶员的眼睛活动、头部姿态等，以判断驾驶员是否在警告时保持警觉。这样的监控功能有助于系统更灵活地调整警告的方式和频率，以适应驾驶员的状态
人机交互界面	提供车载信息娱乐系统或其他界面，包括按钮、触摸屏、语音识别等方式，以使驾驶员能够与系统进行互动。这样的交互界面可以让驾驶员主动获取更多信息或者进行系统设置

在 LDW 系统中，感知模块通过集成摄像头等传感器获取车辆周围环境和车辆状态信息，传递至控制模块。控制模块利用这些数据进行车道检测、决策分析，并在必要时触发警告或辅助控制操作。同时，与人机交互模块密切协作，将控制结果以视觉、声音、振动等方式传达给驾驶员，以实现全方位的感知、决策和交互协同，提高车辆安全性并优化驾驶体验。

4. LDW 算法设计要求

LDW 算法的设计是为了有效监测车辆的行驶状态，提供实时的车道偏离警告，从而增强驾驶员的警觉性，减少潜在的交通事故风险。在 LDW 算法设计中，需要考虑多个方面的要求，包括感知准确性、实时性、鲁棒性、用户体验等。

感知准确性包括视觉感知准确性和车辆状态感知准确性。视觉感知准确性要求算法应能够准确识别道路标线、交叉路口等，并对各类道路标志进行可靠分类。对于光照条件、天气等环境变化，算法应保持鲁棒性，确保在各种情况下都能提供准确的视觉感知。车辆状态感知准确性要求算法需要对车辆状态进行精准感知，包括车辆的速度、加速度、方向等参数。这些信息对于判断车辆是否发生偏离行为以及提供准确的警告至关重要。

实时性包括快速响应时间和高帧率图像处理。快速响应时间要求算法应具备快速的数据处理和决策能力，以确保在车辆即将偏离车道时，系统能够及时产生警告信号，提醒驾驶员采取行动。对于视觉传感器，算法需要能够在高帧率下实时处理图像信息，确保对动态交通场景的实时感知和分析。

鲁棒性要求在于确保算法在各种复杂道路、变化天气和动态交通环境下稳定可靠运行。鲁棒性体现在对不同光照条件、恶劣天气、动态道路结构以及传感器误差等方面的强大适应性，使系统能够准确感知车道和周围环境，避免误报和漏报，从而提高系统的可靠性和效能。

用户体验的要求在于提供高效且友好的警告，通过自适应的警告策略和减小误报率，确保在合适的时机以用户接受度高的方式传达警告信息。同时，注重人机交互的友好性，通过视觉、声音和振动等方式，在保持舒适感的前提下，使驾驶员更容易理解和响应系统的提示，从而提升驾驶安全性并确保良好的用户体验。

6.1.2 测试模型构建

1. 场景描述

如图 6-2 所示，在 PanoSim 中搭建 LDW 测试场景，场景描述见表 6-2。

图 6-2 LDW 测试场景

表 6-2 LDW 测试场景描述

参数	描述
主车速度	60km/h
主车位置	车道内横向偏移 0.5m
天气	晴天
光照	白天
道路	高速直道及弯道
交通	无交通流

2. 车辆及传感器

选择 PanoSim 官方车辆模型 C_Class_Sedan 为测试车辆，右键单击编辑传感器，添加摄像头传感器 MomoCameraSensor，传感器参数配置中，X 坐标设置为 -1.1，Y 坐标设置为 0，Z 坐标设置为 1.3，如图 6-3 所示。车辆参数配置中，选择车辆基础类型（Type）为 xCar_NI，即 HIL 联合仿真模式，如图 6-4 所示。

图 6-3　传感器参数配置

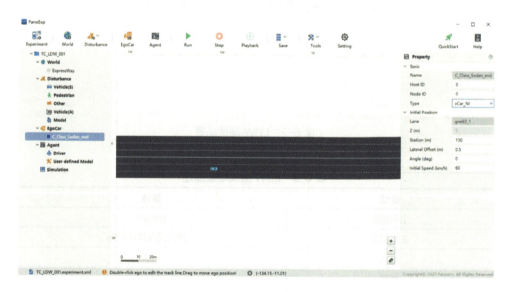

图 6-4　测试车辆配置

3. 动力学模型配置

在 Agent 库中搜索添加 Simulink 插件，即车辆动力学模型，拖拽添加至工作区，如图 6-5 所示。

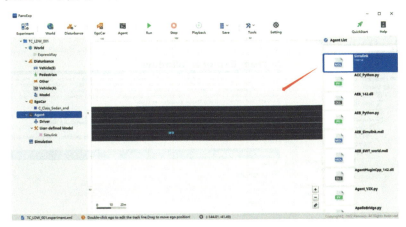

图 6-5　车辆动力学模型插件添加

4. 保存及运行试验

6.1.3　I/O 接口映射

1. 算法 I/O 添加

LDW 为预警类 ADAS 功能，不涉及控制，故加速、转向、制动等控制量都由 PanoSim 软件本身控制，无须添加算法输出接口；输入接口方面，算法需要车身位姿数据，故使用 NI VeriStand Out 模块添加算法输入接口，如图 6-6 所示。

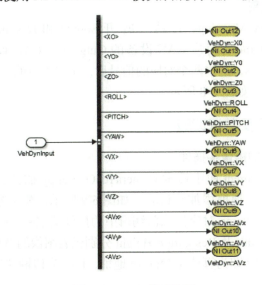

图 6-6　LDW 算法接口

2. CAN 设备配置

打开试验目录下的 VeriStand 配置文件，完成通信协议配置、CAN 设备参数配置及使能，在 CAN 设备的输出信号中添加车辆位姿接口，如图 6-7 所示。

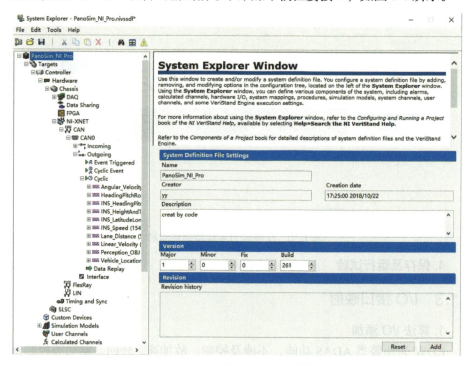

图 6-7　CAN 设备车辆位姿信号添加

3. 配置接口映射

使用 Configure Mappings 工具，展开 Source 和 Destination 下的信号，Simulink 模型的 Outports 对应 CAN 设备的 Outgoing，CAN 设备的 Incoming 对应 Simulink 的 Inports，选中两个对应的信号后，单击下方的 Connect 即可完成映射，完整的映射关系如图 6-8 所示。

6.1.4　仿真摄像头数据读取

1. 仿真平台添加摄像头插件

在 PanoSim 的 Agent 库中搜索 CameraTcpOutput.py 插件，此插件基于以太网传输摄像头数据，拖拽添加至试验，如图 6-9 所示，相关参数配置如图 6-10 所示，其中 Camera Name 对应传感器编辑中的摄像头名称；Frequency 即为图像帧率；Resolution Width 及 Resolution Height 分别代表图像的宽度及高度，也即图像分辨率；Remote IP 即为算法平台的 IP 地址，Port 为传输端口，与算法平台的驱动文件对应即可。

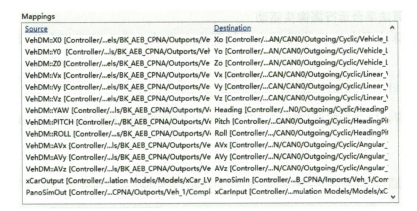

图 6-8 LDW 接口映射关系

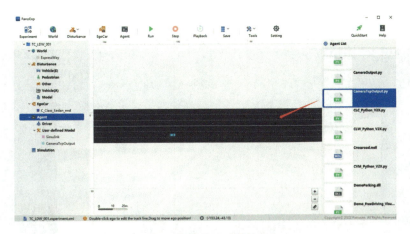

图 6-9 摄像头驱动插件添加

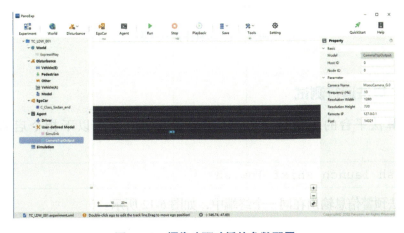

图 6-10 摄像头驱动插件参数配置

2. 算法平台运行摄像头驱动

在算法平台的工作目录中,打开命令终端,输入以下指令启动摄像头驱动。

```
bash launch_zhixf_camera_driver.sh
```

接着,仿真平台运行试验,即可在 rviz 中查看到仿真摄像头画面,如图 6-11 所示。

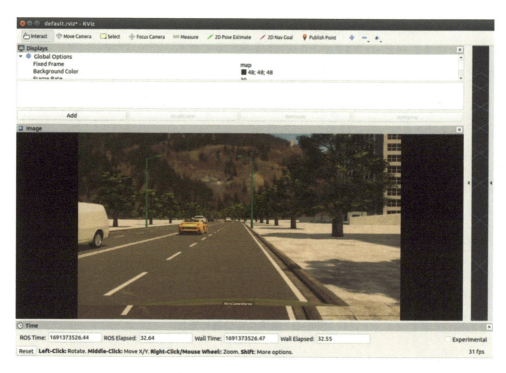

图 6-11 仿真摄像头画面

6.1.5 算法运行测试

在算法平台的工作目录中,打开命令终端,输入以下指令启动 LDW 算法。

```
bash launch_zhixf_ldw.sh
```

算法预警信息输出在同一个终端中,如图 6-12 所示。

```
[INFO] [1706923666.398789]: 0.01958001810093782    1.958001810093782e-05   0.195800
1810093782
[INFO] [1706923666.400681]: steer_rad 0.21539977912841696
[INFO] [1706923666.402362]: Lane Departure Warrning: Left Departure
[INFO] [1706923666.403901]: +++++++++++++++++++++++++
[INFO] [1706923666.606588]: cte:0.19576978822944058
[INFO] [1706923666.608963]: 0.01957697882294406    1.957697882294058e-05   0.19576
978822944058
[INFO] [1706923666.610847]: steer_rad 0.21536634403120758
[INFO] [1706923666.612329]: Lane Departure Warrning: Left Departure
[INFO] [1706923666.614104]: +++++++++++++++++++++++++
[INFO] [1706923666.672636]: cte:0.19501944690830783
[INFO] [1706923666.674375]: 0.019501944690830785   1.9501944690830786e-05  0.1950
1944690830783
[INFO] [1706923666.675910]: steer_rad 0.21454089354382944
[INFO] [1706923666.677444]: Lane Departure Warrning: Left Departure
[INFO] [1706923666.678760]: +++++++++++++++++++++++++
[INFO] [1706923666.788659]: cte:0.151396045500876
[INFO] [1706923666.791431]: 0.0151396045500876    1.51396045500876e-05    0.15139604
5500876
[INFO] [1706923666.793208]: steer_rad 0.16655078965551368
[INFO] [1706923666.795337]: Lane Departure Warrning: Left Departure
[INFO] [1706923666.799016]: +++++++++++++++++++++++++
```

图 6-12　LDW 算法预警信息

6.2　LKA 功能测试案例

6.2.1　知识学习

1. LKA 概述

车道保持辅助（Lane Keeping Assist，LKA）与 LDW 非常相似，是由摄像头监测道路上的标线，来判断车辆是否偏离车道。LDW 系统并没有自动导正车身的功能，它只能提醒驾驶员车辆已经偏离车道，转向盘会发生振动，不过系统并不会采取任何干预转向的动作。相较于 LDW，LKA 除了在偏离车道时发出警示，也会主动转向，使车辆保持在原有的车道内，对于道路安全有相当正面的帮助。

在真实驾驶场景中，当系统检测出车辆产生偏移时，会发出声音或者转向盘、座椅的振动来警示驾驶员；当驾驶员没有做出反应，系统则会将车辆轻轻拉回车道，但当驾驶员对转向盘做出阻力，车辆将会撤销车道保持辅助的介入。

2. LKA 定义

车道保持辅助（LKA）是一种现代汽车安全技术，旨在帮助驾驶员保持车辆在行驶车道内。这一技术使用传感器和摄像头来监测车辆相对于道路标线的位置，并在必要时自动微调方向，以帮助驾驶员保持车辆在车道中央行驶。当 LKA 系统检测到车辆即将无意间偏离车道时，它会轻微地调整转向盘，引导车辆回到正确的车道位置。这种调整通常是细微的，旨在提醒驾驶员并辅助其控制车辆，而非完全接管驾驶。

3. LKA 系统组成

LKA 系统组成包括感知模块、控制模块、人机交互模块以及执行模块，结构如图 6-13 所示。

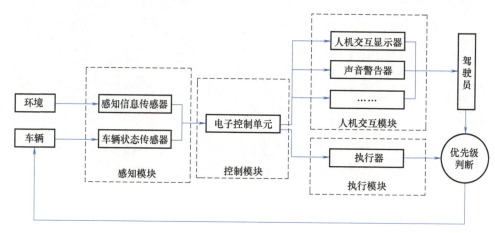

图 6-13　LKA 系统结构

LKA 系统所涉及的感知模块传感器主要有用于车道辨识的传感器，例如摄影机；监测车身运动信息的感测器，例如轮速传感器、惯性测量组件等；驾驶操作信息感测模块，比如驾驶转向的力矩和转向盘角度、转向灯信号、制动踏板信号等。其中车道辨识传感器是感测核心，其精度、可用性和可靠性影响车道保持辅助系统的质量。

首先，摄影机是 LKA 系统感知模块中的重要组成部分之一。摄影机通过实时拍摄道路图像，并通过图像处理技术来识别车道标线、车道边界等关键信息。这种视觉感知能力使得 LKA 系统能够准确地了解车辆相对于车道的位置，为后续的车道保持决策提供关键的输入。摄影机的性能直接影响着 LKA 系统的精度，因此在系统设计中需要考虑摄影机的分辨率、视野范围、低光条件下的性能等方面的因素。

除了摄影机，监测车身运动信息的感测器也是感知模块中不可或缺的一部分。轮速传感器是其中之一，通过测量各个车轮的速度，系统可以推断车辆的横向位置以及是否在正常行驶中。这对于 LKA 系统来说至关重要，因为准确的车辆位置信息是车道保持决策的基础。同时，惯性测量组件（IMU）也发挥着关键的作用，通过监测车身的加速度和角速度，系统可以更全面地了解车辆的动态状态，帮助判断车辆是否偏离了预期的行驶轨迹。

驾驶操作信息感测模块是另一个重要的组成部分，它负责感知驾驶员的操作意图，以便更好地协同驾驶员并进行相应的车辆调整。其中，驾驶转向力矩和转向盘角度传感器监测转向盘的状态，系统可以通过这些信息了解驾驶员的转向意图，从而调整车辆的行驶轨迹。转向灯信号传感器用于检测驾驶员是否打开了转向灯，这对于理解驾驶员的意图以及更准确地进行车道保持是至关重要的。制动踏板信号传感器监测驾驶员是否踩下制动踏板，这一信息在一些情况下可能被用于调整车辆速度，以确保系统对紧急情况的反应及时而有效。

这些传感器共同工作，通过实时收集和处理车辆周围的信息，使得 LKA 系统能够在复杂的交通环境中做出正确的决策，确保车辆保持在正确的车道内。然而，为了保证 LKA 系统的质量，这些传感器必须具备高度的精度、可用性和可靠性。精确的传感器测量是系统准确性的基石，而高可用性和可靠性则是系统安全性和稳定性的关键。传感器故障或不准确的数据可能导致系统误判，影响驾驶辅助功能的性能，甚至可能对车辆和驾驶员的安全产生负面影响。

在设计 LKA 系统时，需要考虑不同传感器之间的协同工作，以及如何处理传感器数据的整合和解决冲突。此外，为了应对不同的驾驶场景和环境条件，系统还需要具备一定的智能化和自适应性，以确保在各种情况下都能够稳定而可靠地运行。

LKA 的控制模块是整个系统的智能决策和执行单元，它负责根据感知模块提供的信息，采取措施来保持车辆在正确的车道内。控制模块需要具备高度的智能化和自适应性，以应对各种驾驶场景和复杂的交通环境。在 LKA 系统的控制模块中，包括路径规划、车辆动力学建模等多个方面。

路径规划是 LKA 控制模块的一个重要组成部分。路径规划的目标是确定车辆应当沿着哪条路径行驶，以确保车辆保持在正确的车道内。在 LKA 系统中，路径规划需要考虑感知模块提供的车道信息，包括车道标线、车道宽度、车道弯曲等因素。基于这些信息，控制模块需要决定车辆的理想行驶路径，使其尽量贴近车道中心，并保持与邻近车辆的安全距离。路径规划算法需要具备实时性，能够在短时间内做出准确的决策，以适应不同的驾驶场景和道路条件。

车辆动力学建模也是控制模块中一个关键的组成部分。车辆动力学模型用于描述车辆在不同驾驶状态下的运动特性，包括加速度、速度、转向等。这个模型是控制模块进行车辆行为预测和控制策略生成的基础。通过对车辆动力学的建模，控制模块可以更准确地了解车辆的响应特性，从而更精确地进行路径规划和控制策略的生成。考虑到车辆可能面临的各种驾驶条件，车辆动力学建模需要具备一定的通用性和适应性。

为了提高 LKA 系统的性能，控制模块通常还包括一些先进的控制算法，例如模型预测控制（Model Predictive Control，MPC）。模型预测控制通过预测车辆未来的动态行为，优化控制策略，以最小化车辆与车道之间的偏离，并确保舒适而安全的驾驶体验。这种基于模型的控制方法充分考虑了车辆动力学和环境因素，对于复杂驾驶场景的应对能力较强。

此外，为了提高系统的鲁棒性和适应性，控制模块还需要考虑驾驶员的操控意图。通过监测驾驶员的操控行为，控制模块可以更好地理解驾驶员的意图，并在必要时进行合适的干预。例如，当驾驶员主动转动转向盘时，控制模块可能会暂时放弃对车辆的主动控制，以避免与驾驶员的操作发生冲突。

在整个 LKA 系统中，控制模块的设计和优化是保证系统性能和稳定性的关键。一个高效的控制模块需要充分考虑感知模块提供的信息，结合车辆动力学和路径规划等因素，通过智能化的决策来实现车辆的平稳、精确操控。

LKA 的任务是建立有效的信息传递和沟通机制，确保驾驶员对系统状态和操作的理解，并在需要时能够与系统进行协同工作。人机交互模块的设计直接影响了驾驶员对 LKA 系统的接受度、使用体验以及最终的驾驶安全性。

人机交互模块需要向驾驶员提供清晰而直观的系统状态信息，这包括显示当前 LKA 系统是否激活、是否成功检测到车道标线以及系统的工作状态等。这些信息通常通过仪表盘上的指示灯、显示屏或者投影在风窗玻璃上的 HUD（Head-Up Display）等方式呈现给驾驶员。通过明确的视觉提示，驾驶员能够迅速了解 LKA 系统的运行状况，从而更好地决策是否依赖系统进行车道保持操作。

为了进一步提高人机交互的效果，LKA 系统通常还会通过声音提示或振动反馈等方式向驾驶员传递信息。例如，当系统检测到车辆偏离车道时，可以触发声音警告，提醒驾驶员及时采取措施。这种多通道的信息传递方式有助于提高信息的可感知性，确保在各种驾驶场景下驾驶员都能及时、准确地获取到有关 LKA 系统的重要信息。

人机交互模块还需要考虑驾驶员对 LKA 系统的理解程度。因此，用户界面的设计必须简单易懂，并在驾驶员需要时提供详细的操作说明。交互界面的设计要符合人体工程学原理，确保驾驶员能够轻松地查看和理解信息，同时不分散过多注意力，以免影响驾驶安全。

为了提高交互的适应性，人机交互模块需要考虑不同驾驶场景和条件下的信息呈现方式。例如，在高速公路上可能需要更为简洁和直观的显示，而在城市道路上可能需要更为详细的信息，以便应对复杂的交叉口和道路结构。这种智能的适应性设计可以使 LKA 系统更好地满足不同驾驶环境下的需求，提高驾驶员对系统的信任感和满意度。

除了信息呈现，人机交互模块还需要处理驾驶员与系统的互动。这包括驾驶员对 LKA 系统的激活和解除激活操作，以及在需要时进行系统调整的能力。通过简单直观的按钮、旋钮或语音指令，驾驶员可以方便地与 LKA 系统进行互动，实现系统的启停和个性化设置。这种互动设计要求人机交互模块能够准确捕捉驾驶员的意图，确保操作的便捷性和安全性。

此外，考虑到 LKA 系统是一种驾驶辅助系统而非完全自动驾驶系统，人机交互模块需要在需要时明确告知驾驶员对系统的监控和参与责任。这包括在系统激活时强调驾驶员仍然需要保持对道路和交通的关注，并在系统可能无法正常工作时发出警告，促使驾驶员主动介入。这种及时的告知和提醒有助于维持驾驶员对驾驶任务的责任感，避免因过度依赖 LKA 系统而导致不良的驾驶行为。

人机交互模块还需要考虑驾驶员对 LKA 系统的反馈。通过采集和分析驾驶员对系统的评价和建议，人机交互模块可以不断优化用户体验。这可能包括系统的易用性、反馈的及时性以及驾驶员对系统性能的期望等方面。通过与驾驶员的有效沟通，LKA 系统可以不断改进，更好地满足用户需求。

LKA 的执行模块是整个系统中的实际控制单元，负责通过执行机构对车辆进行调整，以保持在正确的车道内。执行模块需要根据感知模块提供的信息和控制模块生成的指令，实时地操控车辆的转向系统，确保车辆在行驶过程中能够按照预定的路径保持在车道中心。在执行模块中，涉及的关键技术包括电动助力转向系统、电子稳定控制系统以及与发动机控制系统的协同工作等方面。

执行模块中的电动助力转向系统是车道保持辅助系统的核心执行部分。这个系统通过电动助力来辅助驾驶员进行转向操作，同时也为 LKA 系统提供了实际的操控手段。当控制模块生成了转向指令时，电动助力转向系统会根据这一指令调整车辆的方向，使车辆逐渐偏向预定的行驶路径。这需要高度精准和实时的操控能力，以确保车辆能够按照期望的轨迹行驶。

与电动助力转向系统协同工作的是电子稳定控制系统。电子稳定控制系统通过感知车辆的动态状态，包括车速、横向加速度等，实时调整车辆的稳定性。在 LKA 系统中，电子稳定控制系统可以通过调整车辆的横向力分布，帮助实现更加平稳的车道保持。例如，当车辆出现偏离车道的迹象时，电子稳定控制系统可以微调车辆的横向动力，使其更好地回到车道中心。

执行模块还需要与发动机控制系统协同工作，特别是在需要调整车辆速度的情况下。当 LKA 系统检测到需要进行转向调整时，可能会需要适度地调整车辆速度，以确保转向过程的平稳性。这就需要执行模块通过与发动机控制系统的协同，进行速度的精确控制。这种协同工作有助于确保车辆在进行车道保持操作时，能够保持一定的速度稳定性，不引发驾驶员的不适感。

在执行模块中，精确而实时的执行是至关重要的。这不仅涉及执行机构的性能，如电动助力转向系统的灵敏度和电子稳定控制系统的响应速度，还包括与其他系统的协同工作，以及对不同驾驶场景的适应能力。例如，当车辆驶入弯道或遇到复杂的路况时，执行模块需要能够迅速做出调整，确保车辆稳定地行驶在正确的车道内。

执行模块还需要考虑驾驶员与系统的协同工作。在大多数LKA系统中，驾驶员仍然需要保持对车辆的监控，并在需要时介入驾驶操作。因此，执行模块需要能够有效地与驾驶员的操控协同工作，确保在需要时能够平滑地过渡到手动驾驶模式，避免系统操作与驾驶员操控之间的冲突。

在一些先进的LKA系统中，执行模块可能还涉及对车道中其他车辆的协同处理。例如，在交汇道路或复杂交叉口行驶时，系统可能需要通过与其他车辆进行通信，协调行驶策略，以确保车辆之间的安全距离和协同行驶。这就需要执行模块具备车辆间通信和协同控制的能力。

LKA的高效运行依赖于感知模块、控制模块、人机交互模块和执行模块之间的协同工作。这四个模块在LKA系统中相互连接、相互影响，共同构建了一个综合的驾驶辅助系统，为驾驶员提供更安全、便捷的驾驶体验。

首先，感知模块在LKA系统中扮演着信息获取的角色。通过使用摄像机、轮速传感器、惯性测量组件等多种传感器，感知模块实时地获取车辆周围的信息。摄像机负责拍摄道路图像，识别车道标线、车道边界等；轮速传感器提供车辆的速度信息；惯性测量组件监测车辆的动态状态。这些信息对于控制模块做出正确的决策至关重要。感知模块通过数据融合和处理，将车辆周围的环境信息传递给控制模块，为后续的车道保持决策提供基础。

控制模块负责基于感知模块提供的信息生成车辆行驶的控制指令。在感知模块提供的信息基础上，控制模块进行路径规划、车辆动力学建模等分析，决定车辆应该如何调整才能保持在正确的车道内。控制模块通过智能化的算法生成转向指令，并将这些指令传递给执行模块，实现对车辆的实时操控。在这一过程中，控制模块还需要考虑驾驶员的操控意图，保持与人机交互模块的协同工作，以确保驾驶员始终可以介入和理解系统的工作状态。

人机交互模块则负责将LKA系统的状态和信息传递给驾驶员，同时接收驾驶员的指令和反馈。通过仪表盘上的指示灯、显示屏上的图标、声音提示等方式，人机交互模块向驾驶员传达LKA系统的工作状态、是否激活、车道辨识状态等信息。同时，当需要驾驶员介入时，人机交互模块通过按钮、旋钮等方式接收驾驶员的指令，以确保驾驶员在任何时候都能够掌握对车辆的控制权。在感知模块和控制模块的信息传递过程中，人机交互模块还起到了过滤和解释信息的作用，使得复杂的技术信息能够以简单易懂的方式呈现给驾驶员。

执行模块是整个系统的执行者，负责将控制模块生成的指令转化为实际的车辆操控动作。当控制模块生成了转向指令时，电动助力转向系统会实时地调整车辆的方向，以保持在车道中心。同时，电子稳定控制系统通过感知车辆的动态状态，调整车辆的稳定性，确保车辆行驶的平稳性。在需要调整车辆速度的情况下，执行模块还需要与发动机控制系统协同，实现对车辆速度的精确控制。执行模块需要对车辆动力学的变化做出迅速而准确的响应，以确保车辆在车道内稳定行驶。

这四个模块之间的协作是系统高效运行的关键。感知模块提供了关于车辆周围环境的实时信息，为控制模块提供决策的基础；控制模块根据感知模块的信息生成操控指令，传递给执行模块实现对车辆的实时控制；人机交互模块在整个过程中作为信息传递的桥梁，将系统状态传达给驾驶员，接收驾驶员的指令和反馈，确保驾驶员能够理解并参与到系统的运行中。

在实际驾驶场景中，这种相互协作的方式使得 LKA 系统能够更好地适应不同的驾驶环境和条件。例如，当感知模块检测到车道标线的变化时，控制模块可以实时生成转向指令，执行模块则迅速做出对车辆的调整，人机交互模块同时向驾驶员传递系统状态的变化。这一协作链条实现了系统的实时响应和驾驶员与系统之间的无缝衔接。

同时，这种相互协作的方式也提高了系统的安全性。当感知模块检测到异常情况时，例如检测到车道标线不清晰或者道路条件特殊，控制模块可以根据这一信息调整车辆的行驶策略，执行模块相应地做出操控调整，并通过人机交互模块向驾驶员传递警告信息，确保驾驶员能够及时介入，保障驾驶的安全性。

4. LKA 算法设计要求

车道保持辅助（LKA）系统的算法设计要求是保证整个系统高效、稳定、安全运行的基础。这一算法设计涉及感知、控制、适应性、实时性、稳定性、人机交互等多个方面，以下将详细探讨这些要求，为 LKA 系统的优化提供指导。

首先，感知模块的设计至关重要。LKA 系统依赖于感知模块获取车辆周围环境信息，这包括道路标线、交叉口、其他车辆等。算法需要确保感知模块具有高效而准确的数据处理能力，能够实时地从各类传感器中获取信息。对于图像数据，算法需要具备先进的图像处理技术，能够识别并定位车道标线，判断道路的弯曲程度和道路类型。对于其他传感器提供的数据，如雷达、激光雷达等，算法需要实现多传感器融合，确保综合信息的准确性。

准确的车道辨识是 LKA 系统性能的基石。算法需要考虑到不同道路标线的种类（实线、虚线、双实线等）和不同道路情况下的变化，以确保对车道的准确辨识。这还包括对特殊道路标线、交叉口标线等复杂情况的处理。对于恶劣天气条件、低光照环境，甚至道路上的杂乱标线等情况，算法需要具备鲁棒性，保证车道辨识的可靠性和准确性。

在控制模块的设计方面，算法需要考虑到路径规划和实时决策。路径规划是指在当前车辆位置和道路信息的基础上，规划出最优的车辆行驶路径。算法需要根据感知模块提供的信息，特别是车道标线的位置、道路的曲率等，以及考虑到车辆的动力学特性，制定出适合当前条件的行驶路径。实时决策则要求算法在毫秒级的时间内，对感知模块提供的信息进行快速响应，生成相应的转向指令。这需要高效的算法和实时的数据处理，以确保车辆在复杂交通环境下能够及时做出正确的驾驶决策。

适应性和鲁棒性是 LKA 系统必须具备的特性。适应性要求系统能够在不同道路条件和交通情况下稳定工作。例如，当车辆驶入高速公路、市区道路或者山区道路时，系统需要根据不同的驾驶环境调整控制策略。鲁棒性要求系统能够应对各种不确定性因素，如不同天气条件（雨雪天气、浓雾等）、路面状况（湿滑路面、坑洼路况等）以及传感器误差。算法需要通过有效的容错机制和自适应调整，确保在各种情况下都能够稳定运行。

稳定性和平滑性是控制模块设计的关键目标。稳定性要求系统在进行车道保持操作时保持车辆的稳定性，防止因过度调整导致的不稳定行为。这需要算法对车辆动力学模型有准确的把握，并实现有效的控制策略。平滑性要求控制指令的生成具有平缓过渡性，以确保车辆的驾驶体验舒适，避免紧急制动或急转弯等情况对驾驶员的不适影响。

人机交互方面的算法设计要求主要体现在对系统状态的传达和驾驶员操作的响应上。清晰可理解的界面是人机交互模块的基础。算法需要生成简洁明了的信息，通过仪表盘上的指示灯、显示屏上的图标等方式，将 LKA 系统的工作状态传达给驾驶员。直观的反馈机制是确保驾驶员理解系统状态并能够正确操作的关键。这可能涉及声音提示、振动反馈等方式，使得驾驶员在需要介入时能够迅速而准确地做出反应。

考虑到驾驶员的意图是算法设计中一个重要的方面。与驾驶员协同工作是人机交互和控制模块设计的重要目标。算法需要能够识别驾驶员的主动操控意图，确保在驾驶员进行转向等操作时系统能够灵活地响应，而不会引起不必要的冲突。适时的交互提示也是算法设计要求的一部分，系统需要通过明确的提示向驾驶员传递信息，包括系统激活状态、是否需要介入等。这有助于提高驾驶员对系统操作的信任感和安全感。

安全性方面的算法设计要求涉及紧急情况处理和防止驾驶员过度依赖系统。在紧急情况下，算法需要制定有效的处理策略，确保车辆能够在最安全的状态下停车或由驾驶员接管。防止驾驶员过度依赖系统需要通过智能的人机交互设计，提供明确的系统能力说明，让驾驶员清楚 LKA 系统的工作原理和局限性，以防止驾驶员在不适宜的情况下过度依赖系统。

最后，可扩展性是考虑到不同车型的算法设计要求。算法需要具备一定的可扩展性，能够适应不同类型和品牌的车辆。这可能包括根据车辆的动力学特性进行调整，确保算法在各种车型上都能够良好运行。可扩展性还涉及软件更新的灵活性，以便在系统升级和新功能添加时能够快速而方便地适应新的车型。

6.2.2 测试模型构建

1. 场景描述

在 PanoSim 中搭建 LKA 测试场景，如图 6-14 所示，场景描述如下：

1）主车车速为 60km/h，车辆在车道内横向偏移 0.5m。

2）天气：晴天。

3）光照：白天。

4）道路：高速直道及弯道。

5）交通：无交通流。

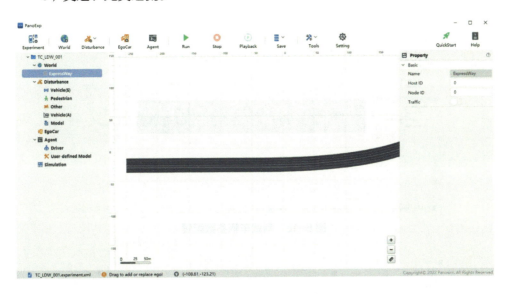

图 6-14　LKA 测试场景

2. 车辆及传感器

选择 PanoSim 官方车辆模型 C_Class_Sedan 为测试车辆，右键单击编辑传感器，添加摄像头传感器 MomoCameraSensor，传感器参数配置中，X 及 Y 坐标均设为 0，Z 坐标设为 0.5，如图 6-15 所示。车辆参数配置中，选择车辆基础类型（Type）为 xCar_NI，即 HIL 联合仿真模式，如图 6-16 所示。

3. 动力学模型配置

在 Agent 库中搜索添加 Simulink 插件，即车辆动力学模型，拖拽添加至工作区，如图 6-17 所示。

图 6-15　传感器参数配置

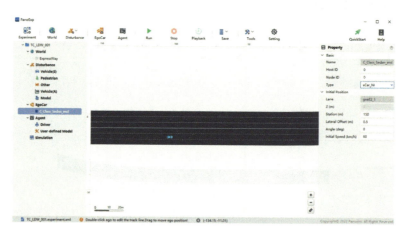

图 6-16　测试车辆参数配置

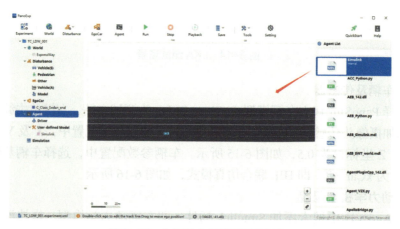

图 6-17　车辆动力学模型插件添加

4. 摄像头插件配置

与 6.1.4 节相似，在 Agent 列表中搜索添加 CameraTcpOutput.py 插件并配置相应参数，如图 6-18 所示。

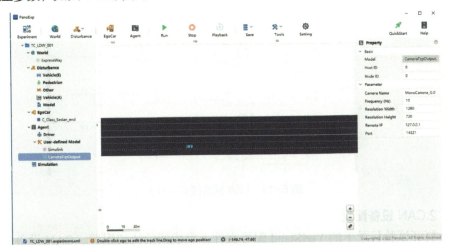

图 6-18 摄像头插件配置

5. 保存及运行试验

6.2.3 I/O 接口映射

1. 算法 I/O 添加

LKA 为控制类 ADAS 功能，涉及转向的控制，故需要在动力学模型中将车辆的转向改为由算法控制；输入接口方面，算法需要车身位姿数据，故使用 NI VeriStand Out 模块添加算法输入接口，如图 6-19 所示。

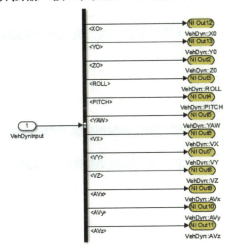

图 6-19 LKA 算法接口

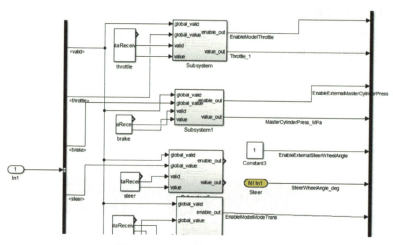

图 6-19 LKA 算法接口（续）

2. CAN 设备配置

打开试验目录下的 VeriStand 配置文件，完成通信协议配置、CAN 设备参数配置及使能，在 CAN 设备的输入信号中添加转向控制信号，在 CAN 设备的输出信号中添加车辆位姿接口，如图 6-20 所示。

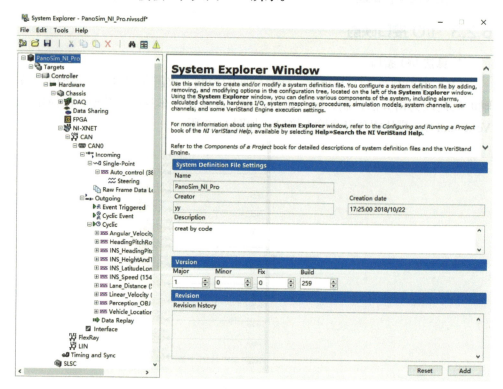

图 6-20 CAN 设备信号添加

3. 配置接口映射

使用 Configure Mappings 工具，展开 Sources 和 Destinations 下的信号，Simulink 模型的 Outports 对应 CAN 设备的 Outgoing，CAN 设备的 Incoming 对应 Simulink 的 Inports，选中两个对应的信号后，单击下方的 Connect 即可完成映射，完整的映射关系如图 6-21 所示。

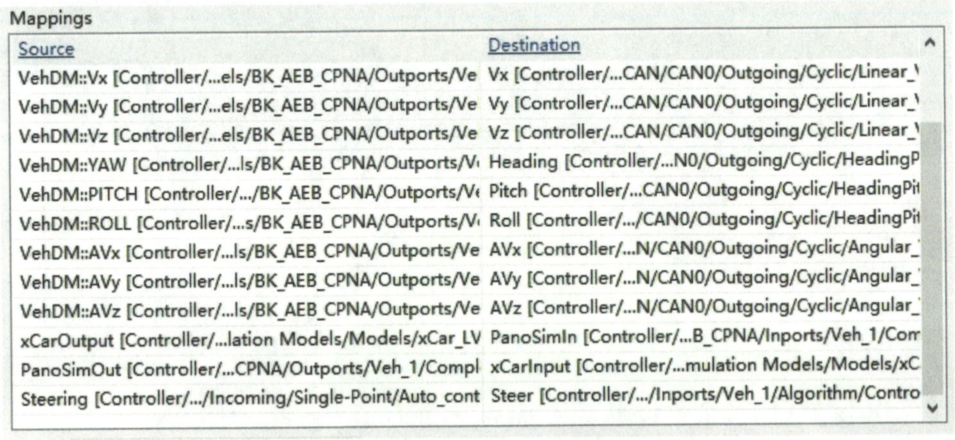
Mappings

Source	Destination
VehDM::Vx [Controller/...els/BK_AEB_CPNA/Outports/Ve	Vx [Controller/...CAN/CAN0/Outgoing/Cyclic/Linear_
VehDM::Vy [Controller/...els/BK_AEB_CPNA/Outports/Ve	Vy [Controller/...CAN/CAN0/Outgoing/Cyclic/Linear_
VehDM::Vz [Controller/...els/BK_AEB_CPNA/Outports/Ve	Vz [Controller/...CAN/CAN0/Outgoing/Cyclic/Linear_
VehDM::YAW [Controller/...ls/BK_AEB_CPNA/Outports/V	Heading [Controller/...N0/Outgoing/Cyclic/HeadingP
VehDM::PITCH [Controller/.../BK_AEB_CPNA/Outports/Ve	Pitch [Controller/...CAN0/Outgoing/Cyclic/HeadingPi
VehDM::ROLL [Controller/...s/BK_AEB_CPNA/Outports/V	Roll [Controller/.../CAN0/Outgoing/Cyclic/HeadingPi
VehDM::AVx [Controller/...ls/BK_AEB_CPNA/Outports/Ve	AVx [Controller/...N/CAN0/Outgoing/Cyclic/Angular_
VehDM::AVy [Controller/...ls/BK_AEB_CPNA/Outports/Ve	AVy [Controller/...N/CAN0/Outgoing/Cyclic/Angular_
VehDM::AVz [Controller/...ls/BK_AEB_CPNA/Outports/Ve	AVz [Controller/...N/CAN0/Outgoing/Cyclic/Angular_
xCarOutput [Controller/...lation Models/Models/xCar_LV	PanoSimIn [Controller/...B_CPNA/Inports/Veh_1/Com
PanoSimOut [Controller/...CPNA/Outports/Veh_1/Compl	xCarInput [Controller/...mulation Models/Models/xC
Steering [Controller/.../Incoming/Single-Point/Auto_cont	Steer [Controller/.../Inports/Veh_1/Algorithm/Contro

图 6-21　配置 LKA 接口映射关系

6.2.4　算法运行测试

在算法平台的工作目录中，打开命令终端，输入以下指令启动 LKA 算法，算法效果如图 6-22、图 6-23 所示。

```
bash launch_zhixf_lka.sh
```

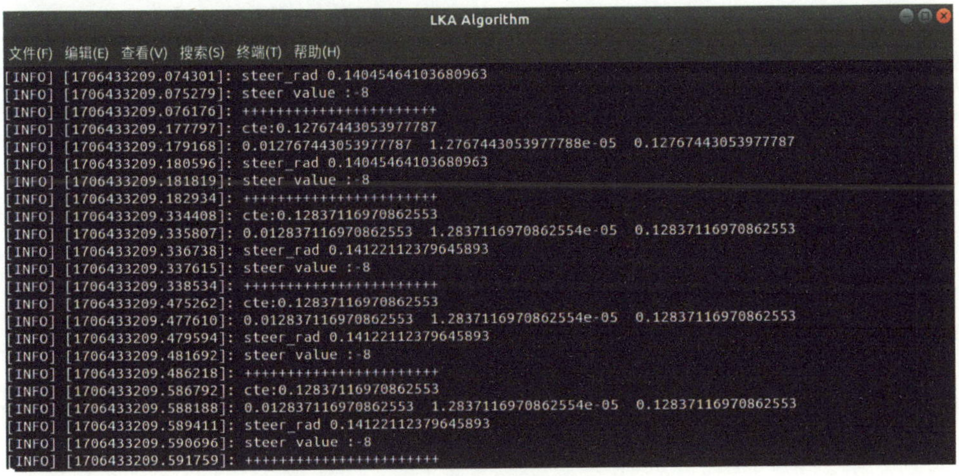

图 6-22　LKA 算法终端执行输出

智能驾驶硬件在环仿真测试与实践

图 6-23　LKA 算法可视化效果

Chapter 07

第 7 章
智能驾驶仿真测试技术展望

7.1 中国智能驾驶仿真测试技术所面临的挑战

　　无论是国家还是地方层面，目前对智能驾驶汽车的测试主要集中在真实道路上进行，而不够关注通过质量认证或建立产品评价体系来进行审查。这主要是因为缺乏仿真测试环节。智能驾驶技术融合了多个学科，包括传统车辆动力学，先进的传感器感知技术，高精度地图与定位技术，识别、融合与规划算法，计算芯片，人工智能，信息技术与通信技术等，要建立一个完整的测试体系就需要针对这些新技术指定综合的测试方法与标准。过去针对车辆性能的评价已经不能满足新技术的要求。尽管目前《智能网联汽车自动驾驶功能测试规程（试行）》已经发布，但是其中的测试场景有限，在测试方法的标准化与仿真虚拟测试应用上还较为薄弱，用于测试的场景库也在建立与完善中，并未形成一套完整的测试评价体系。此外，针对智能驾驶同一项功能，其使用的测试场景并没有唯一的定义。因为根据开发目标的不同，经济性、舒适性还有安全性可以使用完全不同的场景进行评价。因此，完全基于场景的测试也并不全面而可靠。由此产生了另一种测试方法，使用连续交通流进行微观级的仿真，包含反映真实驾驶情况的交通体模型，对车辆整体性能进行综合定义与评估。

　　目前智能网联汽车所采用的传感器类型与个数都显著增多，采用的软件算法与车载计算平台完全有别于传统汽车，实车数据也可以利用先进的通信技术进行源源不断采集分析。那么如何对海量数据进行分析，如何建立与软件算法功能相关的测试场景，如何进行多领域的联合仿真，如何对智能驾驶功能进行综合性的测试与评价，都是当前行业发展所面临的技术挑战。在仿真软件与虚拟测试层面存在以下几个主要的技术挑战：一、需要建立超大规模虚拟场景。该可视化的虚拟场景底层需要具有结构化的数据，并与高精度地图关联，以便支持后续的算法定位与传感器仿真、交通规则判定和交通行为仿真；二、需要建立和管理海量虚拟案例库。虚拟案例库不但要求尽量接近真实的交通情况，还要包含足够多的高价值的测试案例。应对此种挑战，一方面通过路侧和车侧的感知数据进行清洗、处理、还原、分类、解构和参数泛化，形成标准格式动态交通案例，另一方面通过使用智能交通体与交通规则相融合的交通仿真模型，形成大规模连续随机的交通环境；三、需要使各类型传感器正确感知真实世界的物理特性。这首先需要建立起各种传感器的准确物理模型，其次需要建立虚拟环境与真实世界中各种物理表征参数的对应标定；四、需要采用统一的数据格式对静态场景与动态案例进行通用性描述。由于我国采用网联的技术路线，所以在数据交换格式上和国外主要依靠车端的技术路线会产生一定的差异；五、需要提高算法迭代与测试的效率。一般通过采用分布式的硬件集群架构，实现算法的大规模并行加速测试。

  系统仿真软件也存在自身固有的弱点，比如仿真模型都需要对边界条件进行明确的假设，但现实中这些边界条件不一定能明确或者不能真实地获取。那么即便仿真模型能够准确地描述自然规律，却不能有效计算出正确结果。比如无法测定某种特定天气下某条道路上的摩擦系数，就无法正确计算车辆的动力学响应。为解决这一类问题，可以利用大数据分析的方法，增加额外的统计信息来减少结果的不确定性。

  最后，技术挑战也源于软件的自身发展规律。智能驾驶系统仿真软件属于工业工程级软件，目前市场中尚不具备有效产品或服务能完全满足厂商的全部需求。一个有效的仿真软件要走向市场，都要经历基础研发、工程应用和商业化三个阶段。在基础研发阶段，对核心技术团队能力要求高，需要具备多种交叉学科知识，尤其是应用端的学科知识积累，如计算机软件学科、车辆工程学科、交通管理学科、电子科学与技术、物理学、通信技术等。没有足够的工业知识和研发测试经验，是开发不出有效的工程软件的。在工程应用阶段，只有得到行业客户的实际使用反馈，软件功能才能获得迭代与提升。工程软件是创新知识不断积累的产物，和用户需求的绑定对仿真软件的良性发展至关重要。目前国内企业相比于国外企业，还缺少与本地仿真服务企业共同发展的思维与探索精神。在仿真商业化的过程中，国外软件因为具有品牌认知的优势，相对容易被国内厂商信赖。但由于国外软件在国内定制化与本地化服务上的投入制约，一定程度上会削弱依赖国外软件的国内企业科技自主发展的速度和灵活性。为打破汽车行业工程软件被国外垄断的局面，填补国内仿真工具的空白，有必要发展我国的智能驾驶系统计算机仿真工程能力。智能驾驶仿真平台将为迁移学习、本地交通场景理解、中国驾驶行为研究、检测认证的虚拟测试方法与评价标准、算法训练场景库等提供技术支撑。

7.2 中国智能驾驶仿真测试技术的发展趋势

计算机仿真与虚拟测试技术在智能驾驶研发过程中将发挥越来越重要的作用，并将推动智能驾驶技术早日实现商业化。未来具备信息高度共享化的智能网联汽车与车联网技术根本上组成了一个信息物理系统，仿真软件也将在信息模型与物理模型两个维度进行综合仿真，对全系统进行完整的仿真。从模型到软件，从软件到硬件，从部件到系统，各层次都需要不断深入地构建智能网联汽车的知识模型，组成完整的知识技术体系。交通系统是人 - 车 - 路相互作用的系统，智能驾驶系统仿真技术的重点发展方向是提供接近真实的复杂动态环境，尤其对机动车、非机动车、行人等交通参与者的高度动态交互行为，对天气与天光变化的仿真，并把上述动态交通要素按照不同的复杂程度进行重新组合。

智能驾驶汽车将在一个漫长的周期内逐步替代传统汽车，必然形成传统汽车与智能驾驶汽车混行的局面，研究人机交互将成为仿真技术研究的一个方向。智慧交通与车联网技术使得智能驾驶的汽车与数字智能化道路进行有机融合，研究在交通系统下的车辆行为也是仿真技术的另一发展方向。未来，需要对智能驾驶车辆进行更多维度的测试与评价。首先可以对车辆驾驶的自治性进行评价。对车辆本身在一定外界条件下的行驶能力进行测试评价。其次可以对车辆参与交通的协调性做出测试与评定。根据其他交通参与者的行为方式选择自身用何种行为进行交互性回应。这些测试与评价需要仿真技术提供更高维度的虚拟场景与评价体系。

未来，智能驾驶仿真技术会始终服务于法律法规。通过仿真评估交通事故的法律责任，帮助对交通行为进行管理和监管，对交通规则进行技术评估。智能驾驶仿真技术将服务于产品认证，通过仿真方法提供一个科学而全面的产品测试和审查方法。智能驾驶仿真技术还将协助建立一个全国范围的通用型数据库，其包含智能驾驶汽车工作的典型工况和边缘案例，数据信息可与其他国家和地区共享，帮助行业进行跨地区的交叉认可，最终达到智能驾驶系统的技术普适性。

7.3 智能驾驶仿真测试发展建议

智能驾驶仿真测试在智能驾驶研发过程中将发挥越来越重要的作用，从模型到软件，从软件到硬件，从部件到系统，各层次都需要不断深入地构建智能驾驶

智能驾驶硬件在环仿真测试与实践

仿真模型,组成完整的仿真技术体系,逐步推动智能驾驶技术早日实现商业化。而测试场景库作为智能驾驶仿真的基础,是仿真建设的核心内容。针对目前场景库领域面临的问题,建议加强以下方面的工作。

第一,将仿真技术应用于交通行为管理和监督。在虚拟仿真世界中,机动车、非机动车、步行行人、残疾人、动物等交通参与者均可以模拟现实世界的逻辑运行,根据不同交通参与者的行为逻辑关系可以界定各个实体的行为合法性。在现实世界中,如果道路发生交通事故,可以通过仿真软件评估交通事故的法律责任,帮助对交通行为进行管理和监管,对交通规则进行技术评估和升级。

第二,建立全国范围的基础场景库,同时鼓励发展个性化场景库。基础测试场景库包含常规的测试场景,鼓励进行分享共建,可以减少资源的重复性投入,加快自动驾驶仿真测试进程。由科技公司、车企、智能驾驶解决方案提供商、高校及科研机构平均分摊基础场景库建设资金,采用统一的标准格式,存储在公有云平台。基础场景库各部分由原建设单位负责运营管理,并同步实施更新。基础场景库建设单位免费使用场景库,外部单位使用需收费,收入由建设单位平均分配。个性化场景库包括极端场景、危险工况场景等,属于企业核心技术予以保护,允许不统一,但需搭建和标准格式之间的转换机制。通过场景共享数据库帮助行业进行跨地区的交叉认可,最终达到智能驾驶系统的技术普适性。

第三,探索智能驾驶汽车与智慧交通、智慧城市有机融合的仿真技术。目前的仿真软件中道路标志、标线、道路设施是作为静态环境要素存在的。随着车联网技术的发展,车路协同有望成为未来发展趋势,道路感知、通信等基础设施将参与到智能驾驶车辆的驾驶行为交互中,在城市智能基础设施作用下车辆行为的仿真将对技术提出新的要求,指导智能基础设施的建设。未来随着智慧交通、智慧城市的建设,更大层面的智能交通将成为发展趋势,如智能交通管理、智能停车、智能公交、智能枢纽等,而仿真技术在虚拟环境中模拟智能交通运行,为智能交通系统查漏补缺,极大促进智慧城市的发展。

第四,建立仿真测试、认证、审查机制。在虚拟仿真世界,智能驾驶车辆是在按法律法规规定的算法环境中运行,可以率先进行模拟,尝试各种模拟的优劣性,给真实世界提供参考。仿真世界还可以更加全面、客观评价汽车各项性能、验证汽车安全性和可靠性、审查汽车合规性,为智能驾驶汽车提供一个科学的产品测试、认证和审查方法。

第五,鼓励混行交通、人机交互等方面仿真测试研究。智能驾驶汽车作为一个技术复杂的新兴产品,在真正达到技术成熟、具备商业化、规模化推广之前,智能驾驶汽车替代传统汽车将是一个漫长的过程。这期间传统汽车与智能驾驶汽车混行的局面将长期共存,安全性问题将是重中之重,因此仿真软件需要能够实现仿真环境中智能驾驶车辆和传统驾驶员驾驶车辆的混行仿真。而且智能驾驶车辆驾驶逻辑和驾驶员驾驶行为之间的交互也是仿真应该重点关注的领域，以提升道路安全性。

  第六，推动仿真技术的国产化。中国作为最大的汽车生产与消费国，核心技术的缺失必将导致国产汽车处于被动局面。仿真软件作为智能驾驶汽车研发过程中最关键的核心技术之一，必须实现自主研发，才能不会因为被发达国家禁用而导致智能驾驶汽车产业停滞。目前，国产仿真软件相比国外仍比较落后，但国内车企、智能驾驶示范区有较大的市场需求。而且，中国的道路设计标准规范与道路行驶环境与国外相差较大，自主企业能更好地了解国内情况，研发出适合我国的智能驾驶仿真软件。因此，推动仿真软件国产化有助于我国智能驾驶测试、技术提升，实现仿真软件技术独立自主，实现中国智能汽车创新发展战略2025年目标。

参 考 文 献

［1］王建，徐国艳，陈竞凯，等．自动驾驶技术概论［M］．北京：清华大学出版社，2019．

［2］王泉．从车联网到自动驾驶：汽车交通网联化、智能化之路［M］．北京：人民邮电出版社，2018．

［3］刘元盛，等．低速无人驾驶原理及应用［M］．北京：科学出版社，2019．

［4］JOSHI，A. Automotive applications of hardware-in-the-loop（HIL）simulation［M］．Warrendale：SAE International，2019．

［5］SCHLAGER，M. Hardware-in-the-loop simulation: a scalable, Component-based, time-triggered hardware-in-the-loop Simulation framework［M］．Riga：VDM Verlag Dr. Müller，2008．

［6］TRIPATHI S M，GONZALEZ-LONGATT F M. Real-time simulation and hardware-in-the-loop testing using Typhoon HIL［M］．Singapore:Springer Nature，2023．

［7］清华大学苏州汽车研究院，等．中国自动驾驶仿真技术研究报告（2019）［Z］．2019．

［8］中国电动汽车百人会，等．2020 中国自动驾驶仿真蓝皮书［Z］．2020．